Les mensonges
du Code
Da Vinci

Claude Houde

Conception : Ministères Multilingues
www.ministeresmultilingues.com
Couverture : Alain Auger
Mise en page : Lucie Cléroux et Alain Auger

Dépôt légal - Bibliothèque et Archives nationales du Québec, 2006.
Dépôt légal - Bibliothèque et Archives Canada, 2006.

Imprimé au Canada.

Catalogage avant publication de Bibliothèque et Archives Canada
Houde, Claude

  Les mensonges du Code da Vinci

  Comprend des réf. bibliogr.

  ISBN : 2-9808883-1-1

  1. Brown, Dan, 1964- . Da Vinci code. 2. Christianisme dans la littérature. 3. Jésus-Christ dans la littérature. 4. Marie-Madeleine, sainte, dans la littérature. 5. Femmes dans le christianisme. I. Reader-Poirier, Stéphanie. II. Morissette, Denis, 1955- . III. Titre.

PS3552.R68139D33 2006   813'.54   C2006-940447-X

Les mensonges

du Code

Da Vinci

Claude Houde

Dédicace

Je veux dédier ce livre à ma famille, à mon épouse, Chantal, ainsi qu'à mes enfants, Élisabeth et David Samuel. Je vous aime de tout mon cœur et vous êtes ce que j'ai de plus précieux au monde. Sans votre amour et votre soutien, je ne pourrais rien faire. Vous faites de notre maison une oasis de joie et de bonheur au sein de laquelle j'ai toujours hâte de me retrouver à la fin de mes longues journées de travail ou lorsque je reviens de voyage. Vous avez une si grande part dans tout ce que nous accomplissons et bâtissons pour Dieu dans la Francophonie. La plus grande réussite et le plus grand bonheur de ma vie, c'est vous !

Je vous dédie ce livre qui a été écrit de jour, de soir, de nuit, au-delà d'un horaire déjà très chargé et pendant les journées de congé que nous aurions passées ensemble. Je vous remercie pour votre patience, vos encouragements et votre vision pour le bien qui peut être accompli par l'écriture de ce livre. Chantal, Élisabeth et David Samuel, vous êtes mon plus grand trésor.

Un époux et un papa comblé, reconnaissant à Dieu pour son épouse et ses enfants.

Claude Houde
Mars 2006

Remerciements

Ce livre est un travail d'équipe, tout comme l'est l'œuvre entière de l'Église Nouvelle Vie et de tous ses organismes et ministères affiliés. Je suis ému et ébloui par la qualité, les talents, la passion, le sacrifice, la vision et le cœur pour Dieu, des hommes et des femmes qui m'entourent et qui forment la Famille Nouvelle Vie. Dieu nous a rassemblés pour un temps comme celui-ci, pour une œuvre d'éternité dans la Francophonie.

Je suis tellement reconnaissant aux personnes dont le nom est mentionné dans les prochaines lignes car elles ont travaillé d'arrache-pied à la réalisation de ce livre. Chers « auteurs invités » de cet ouvrage, Stéphanie Reader-Poirier et Denis Morissette : ce n'est qu'un commencement pour vous et je suis convaincu que les livres que vous allez écrire vont faire le tour du monde. L'équipe de recherche, de traduction et de révision : Angela Fay, Sandrine Étonde, Isabelle Depelteau, Luc Déry et Kristina Roy. Je suis émerveillé par votre talent, votre minutie et la capacité extraordinaire que vous avez tous à travailler si intensément afin de parvenir à respecter l'échéancier pour la parution de ce livre ! Sandrine Chatre, dont le travail de relecture et de correction est essentiel à chaque livre que j'écris. Je sais que bientôt nous allons lire tes livres et que la Francophonie sera bénie. Joël Gerbore, Pierre Poulin, Alain Auger ainsi que toute l'équipe de Ministères Multilingues, c'est une joie de créer et d'œuvrer avec vous. Votre travail est magnifique et votre ministère, porteur de grands fruits.

Finalement, un grand merci à mon assistante, Judy Fay, ainsi qu'à son époux, Richard. Vous êtes un don du ciel pour moi et pour l'Église Nouvelle Vie. Votre cœur pour le Seigneur, pour son Église et surtout pour les gens, m'inspire. Nous remercions le Seigneur de vous avoir comme amis et co-ouvriers dans la grande œuvre Nouvelle Vie.

Claude Houde

Mars 2006

Le *moment* où ce livre a commencé

Des *millions* de personnes ébranlées, secouées et intriguées par le Code Da Vinvi

La *mythomanie* et le terrible *message* du Code Da Vinci

La *misogynie* de l'Église chrétienne selon le Code Da Vinci

Le *mysticisme*, le gnosticisme et les évangiles *manquants* du Code Da Vinci

La *misanthropie* et la *méchanceté* de l'Église chrétienne selon le Code Da Vinci

La science *moderne*, la *main* du Créateur et le Code Da Vinci

Le *maître* Leonardo, la *Mona Lisa* et le véritable *mystère* du Code Da Vinci

Le moment où ce livre a commencé

« Qui les hommes disent-ils que je suis ? »

Question de Jésus à ses disciples, Évangile de Matthieu,
chapitre 16 versets 13 à 15.

J e me souviens précisément de la première fois où j'ai entendu
parler du livre « Le Code Da Vinci ». C'était en 2004, alors que
j'étais le conférencier invité d'un immense rassemblement de
jeunesse chrétien où étaient réunis plus de 3 500 jeunes. La
musique était formidable, contemporaine, teintée de rock
moderne et progressif, de gospel, de jazz, le tout mené par des
musiciens, chanteurs et artistes chrétiens aux talents à couper le
souffle, tous animés d'une passion indéniable, tellement belle à
voir et à vivre.

Ces jeunes venaient de France, des quatre coins de l'Europe,
de l'Afrique et des îles francophones. Ils étaient Français,
Québécois, Africains, Haïtiens, Suisses, Belges, Guadeloupéens,
vivant à Paris même ou à Papeete en Polynésie française au beau
milieu du Pacifique. Les soirées auxquelles je participais étaient
retransmises sur Internet et des milliers de jeunes à travers le
monde ont vécu ces moments avec nous. Ils étaient tous très
différents : des étudiants, des sportifs, des « intellos », des
« skaters », des « écolos », des « bloggeurs », aux cheveux longs,
courts, rasés, blonds, bruns, noirs, rouges ou bleus ! J'ai participé
à de tels rassemblements chrétiens partout au Québec et dans le
monde entier. Ces adolescents et jeunes adultes sont débordants

d'énergie mais souvent fragiles, meurtris, révoltés ou blessés, vivant leur jeunesse avec toutes les peurs, les angoisses, les combats, les insécurités et les questions que soulève le monde moderne. Ils veulent réussir, être heureux, trouver un travail, être aimés, écoutés et respectés, poursuivre leurs études, faire carrière, rencontrer quelqu'un, connaître l'amour, fonder une famille, avoir des enfants. Cette jeunesse chrétienne est tellement belle à mes yeux, tellement pleine de potentiel, tellement «normale». Ces jeunes ont trouvé dans les évangiles et le message de Christ un espoir véritable, un souffle de vie et de force. Leur foi est vraie, lucide, intelligente, pleine de questionnements, remarquablement directe, franche et elle exige l'authenticité.

Un soir, durant ce grand rassemblement qui était à lui seul un véritable festival chrétien de musique, d'art dramatique, de danse, de chansons, avec des moments intenses de prière, de réflexion et d'appels à l'implication humanitaire, à la justice sociale, au pardon et à une foi active et passionnée, j'ai rencontré un jeune homme extraordinaire. Son nom est José Edmilson. C'est une vedette de football professionnel européen (soccer) sur un continent où les joueurs de football sont des idoles sportives comme les Wayne Gretzky ou Sydney Crosby le sont ici en Amérique du Nord. Edmilson est grand, fort, talentueux. C'est un athlète avec une carrière incroyable qui a réussi à gagner la Coupe de France et la Coupe du Monde dans la même année! Quand son équipe a remporté la victoire pour son pays, le Brésil, ce joueur étoile a couru au milieu du terrain devant des centaines de millions de téléspectateurs et a enlevé son maillot pour dévoiler un T-shirt qui déclarait «Jésus est Seigneur.» Ce soir-là, à mes côtés, à Paris, il a raconté un témoignage de vie, d'espoir, de foi, rempli d'humour, de simplicité et d'humanité. Il a parlé de la douleur des foyers brisés, du suicide, de la laideur du racisme sous toutes ses formes; il a parlé d'un Dieu proche de ceux qui souffrent ou de ceux qui se tournent vers lui avec un cœur ouvert et des mots simples et sincères.

C'est alors que se terminait une de ces soirées magnifiques où j'avais défié les milliers de jeunes présents à une foi en action, une foi qui se donne pour les autres, que l'idée d'écrire ce livre *Les mensonges du Code Da Vinci* a commencé à naître en moi. J'avais appelé les jeunes à prendre un engagement de générosité, à agir concrètement envers les plus défavorisés de leur quartier ou à se joindre à nous dans un voyage humanitaire dans des pays comme Haïti ou le Mexique. Je leur ai présenté le rêve et la possibilité de vivre, au XXIe siècle, le message radical de Christ qui nous appelle à avoir une compassion telle, que nous sommes «touchés au point de faire quelque chose.» J'ai entendu les mots «Le Code Da Vinci» pour la première fois alors que j'accordais une entrevue à un journaliste français qui, interloqué devant cette marée humaine si jeune et pourtant si fervente dans sa foi chrétienne, me posa comme première question: «À notre époque de *Code Da Vinci*, de cynisme et de mépris pour l'Église démasquée, comment expliquez-vous un tel rassemblement de jeunesse chrétien?»

N'ayant jamais entendu parler du livre de Dan Brown, j'ai demandé au journaliste de m'expliquer en quelques mots de quoi il s'agissait. «C'est un roman historique qui va faire des remous partout dans le monde parce qu'il dévoile la vérité que les chrétiens ont essayé de cacher depuis des siècles sur Christ et l'Église». Depuis, j'ai lu le *Code Da Vinci* et je ne suis pas le seul. Le livre s'est, à ce jour, vendu à plus de trente millions d'exemplaires et a été traduit en quarante langues. Le film, *Le Code Da Vinci*, inspiré de ce roman et réalisé par Ron Howard, mettant en vedette Tom Hanks, Audrey Tautou et Jean Reno, a été choisi comme film d'ouverture pour le prestigieux festival de Cannes et connaîtra sans doute un succès planétaire retentissant qui multipliera les ventes du livre. Appelé le «Harry Potter» des adultes, il a des centaines de sites Internet qui lui sont consacrés. Des dizaines de milliers de personnes font de ce livre leur sujet de clavardage et de conversation et discutent le *Code Da Vinci*. C'est un roman bien écrit au rythme frénétique et excitant, au récit nerveux et palpitant. Il y a des méchants et des héros, une histoire d'amour, du mystère, des théories de complots, des meurtres, de l'action, un suspense et un rebondissement hallucinant à la fin de presque chaque chapitre. En bref, c'est un polar habilement ficelé qui nous accroche vraiment. Cependant, si j'ai intitulé mon livre «Les mensonges du *Code Da Vinci*», c'est parce que sous des allures de «roman historique», ce best-seller est absolument truffé de faussetés.

Le livre commence par cette déclaration : « *Les faits : Toutes les descriptions de monuments, d'œuvres d'art, de documents et de rituels secrets évoqués sont avérées (véritables, authentiques).* »

J'ai décidé de prendre la plume afin de prouver et de démontrer par les faits, de manière logique, vérifiable et historique, que cette affirmation, tout comme plusieurs autres « affirmations-chocs » du *Code Da Vinci* sont également sans fondement, ridicules, erronées et très souvent sans aucun appui factuel. Contrairement à ce que prétend ce livre, j'aimerais établir, illustrer et confirmer grâce à l'Histoire et par des faits documentés, vérifiables et très clairs, que Jésus n'a jamais été marié à Marie-Madeleine, que les Évangiles sont dignes de confiance, que Christ et l'Église ne sont pas contre la femme, que la Science et la foi ne sont pas ennemies, et que l'Église n'est pas ce monstre meurtrier entièrement fondé sur une fumisterie cachée depuis des siècles. Déjà des dizaines de livres, de thèses et d'articles ont été écrits par des scientifiques, des historiens, des docteurs en théologie et des experts dans des domaines aussi variés que l'archéologie, l'ethnologie, l'étude des civilisations et des religions mondiales pour dénoncer les fabulations du *Code Da Vinci*. Des centaines de sites Internet ont mis en ligne des dizaines de milliers de pages répertoriant et soulignant méticuleusement les innombrables erreurs, faussetés et exagérations de ce pseudo « roman historique. »

Le Code Da Vinci... sous des allures de « roman historique », ce best-seller est truffé de faussetés.

Le problème c'est qu'une grande majorité des gens, qui vont lire le livre ou voir le film « Le Code Da Vinci », n'a pas les outils pour comprendre sa malhonnêteté intellectuelle et historique, le ridicule des affirmations qui y sont faites et pour en saisir l'arrière-pensée ou l'intention profonde. J'ai été surpris et interpellé de découvrir qu'il y a des centaines de sites de discussion sur Internet où des milliers de personnes de tous les âges expriment leurs commentaires et opinions sur les « révélations » du *Code Da Vinci*. Des milliers d'entre eux, pensant lire un roman avec une trame historique sérieuse, sont « secoués dans leur foi » ou, malheureusement, encore plus désabusés, amers ou méfiants envers Christ, la foi ou l'Église. Les chrétiens ne savent pas trop quoi répondre et, ce qui paraît comme quelque chose de spéculatif et de risible aux yeux de milliers d'érudits, d'historiens et d'experts reconnus, devient « une perspective fascinante » ou une « conspiration dévoilée » pour des millions de lecteurs du *Code Da Vinci*.

Réécrire l'Histoire est une pratique dangereuse. Si quelqu'un écrivait un « roman historique » sur la dernière guerre mondiale, en parsemant ses pages d'évènements historiques connus et de personnages ayant réellement existé, tout en intercalant dans son récit des évènements fictifs, se baladant entre réalité et fiction, et qui finalement en viendrait à la conclusion que l'Holocauste n'a jamais eu lieu, cela ferait scandale. Le *Code Da Vinci* attaque la véracité du témoignage historique de la venue, du message et de la vie de Christ sur terre. La question de Christ à ses disciples, « Qui les hommes disent-ils que je suis ? » est donc brûlante d'actualité.

Ce livre est pour le Québec et la Francophonie. Dans un article paru en décembre 2004 intitulé « Des nouvelles de Dieu », le quotidien montréalais *La Presse* divulguait les résultats d'un sondage qui indiquaient qu'une grande majorité de Québécois et de Québécoises croyaient en Dieu et à la résurrection du Christ comme un fait historique et souhaitaient donner une dimension spirituelle à leur vie. C'est pour eux que j'écris. Pour les milliers de jeunes qui lisent le *Code Da Vinci* comme livre de texte dans leur cours de français ou de sciences morales. Pour tous les croyants, catholiques, protestants, évangéliques, charismatiques et de toutes les confessions qui forment la grande mosaïque chrétienne. Ce livre est pour mes enfants et les vôtres. Le christianisme n'a pas à avoir peur de la vérité, des faits et du témoignage de l'Histoire. Christ est le Fils de Dieu et il est véritablement ressuscité. La foi chrétienne, la perspective biblique et la Science marchent ensemble depuis des siècles et les découvertes scientifiques les plus récentes ne font que confirmer et fortifier cette harmonie.

Il y a un peuple chrétien, intègre et droit, présent dans l'Histoire et actif dans notre monde moderne. Forte de centaines de millions de personnes, cette Église combat pour les droits de la femme, proclame son égalité et sa valeur en lui donnant entièrement accès au leadership dans toutes les sphères et les ministères de l'Église, luttant farouchement pour sa reconnaissance et son épanouissement. Il y a une Église chrétienne vivante et dynamique au Québec et sur toute la terre qui, loin d'être la machine cupide, sanguinaire, despotique et meurtrière du *Code Da Vinci*, est dans les faits, belle, généreuse et protectrice de ceux qui souffrent, qui sont oubliés ou maltraités. L'Église actuelle au Québec et dans le monde, celle que je désire vous faire découvrir, est éprise de justice et porteuse de respect, de dignité et d'espoir au nom de Christ. Cette Église est présente dans les pires endroits du monde comme elle l'est aussi tout près de chez vous.

« Qui les hommes disent-ils que je suis ? », demanda Jésus il y a 2000 ans...

« À notre époque du *Code Da Vinci*, comment expliquez-vous la foi chrétienne à notre monde moderne ? », me demanda le journaliste français...

Voici ma réponse.

Des millions de personnes ébranlées, secouées et intriguées par le Code Da Vinci

> « C'est l'ignorance aveugle qui nous permet d'être trompé!
> Mentir est tellement vil que cela nous enlève un peu
> de la grâce de Dieu. La vérité est à ce point excellente
> que même lorsqu'elle se manifeste dans les plus petites
> choses, elle les rend nobles. La vérité est la nourriture
> des vrais grands penseurs, bien que les charlatans
> et les idiots ne la connaissent pas! »
> Léonard de Vinci[1]

> « Ce que je veux dire », répliqua Teabing, « c'est que
> la presque totalité de tout ce que nos pères
> nous ont enseigné concernant le Christ est faux. »
> Dan Brown, Le Code Da Vinci[2]

Le *Code Da Vinci* commence avec un meurtre sanglant au Musée du Louvre à Paris. Les policiers appellent à la rescousse Robert Langdon, un professeur de symbolique religieuse de Harvard en visite dans la Ville lumière, afin de les aider à résoudre l'énigme des mystérieux indices et symboles écrits avec du sang sur et autour du cadavre. La résolution de cette énigme par Langdon (joué dans le film par Tom Hanks, un des acteurs les plus célèbres et respectés d'Hollywood) et la séduisante cryptographe de la police, Sophie Neveu, les conduira à d'autres indices cachés à la vue de tous dans les œuvres d'art de Léonard de Vinci.

Langdon apprend que le conservateur en chef du Louvre qui vient d'être assassiné, Jacques Saunière, était non seulement le grand-père de Sophie Neveu, la policière qui fait enquête avec lui, mais aussi le Grand Maître d'une société secrète millénaire, le Prieuré de Sion. Selon le *Code Da Vinci*, cette organisation compte parmi ses membres à travers l'Histoire, des personnages illustres tels qu'Isaac Newton, Sandro Botticelli et Léonard de Vinci. L'homme assassiné dans les premières pages du livre est en fait le détenteur et gardien d'un terrible secret qui, s'il était révélé, menacerait l'existence et la survie de l'Église chrétienne. Jacques Saunière meurt en essayant de protéger le site où se trouve la preuve de l'existence et de la signification du Saint-Graal. Alors qu'il agonise, son meurtrier lui dit: «Après votre disparition, je serai le seul à connaître la vérité. »[3]

L'histoire complexe du *Code Da Vinci* est truffée de suspense, de complots, d'intrigues et de conspirations. L'enquête de Langdon et de Sophie Neveu devient une course haletante et effrénée dans les rues de Paris et de Londres avec, à leurs trousses, la police française, un meurtrier albinos et un homme mystérieux qui orchestre cette poursuite mortelle. Des symboles et des énigmes de plus en plus complexes, une intrigue riche en rebondissements et un suspense à couper le souffle les conduisent jusqu'à l'hallucinante conclusion de cette affaire et la découverte du Saint-Graal (et le héros en plus «gagne le cœur de la fille! »)

Tout au long du roman, Robert Langdon enseigne à Sophie Neveu le code et le moyen de trouver le seul «vrai» Saint-Graal. Nous découvrons que le Graal n'est pas ce que nous pensions ou ce dont nous avions entendu parler dans les légendes du début de la nuit des temps. (Vous souvenez-vous d'Indiana Jones, joué par Harrison Ford, à la recherche du Saint-Graal?) Le Graal, selon Langdon, est un si grand secret que, s'il était dévoilé, le christianisme moderne disparaîtrait. Ce n'est pas un objet que l'auteur, Dan Brown, veut nous faire découvrir à travers son protagoniste. Ce n'est pas non plus l'emplacement secret de cette icône religieuse où tant de personnes, selon le *Code Da Vinci*, sont mortes afin de protéger ce secret. Les légendes passées suggèrent que le Saint-Graal, s'il existe, serait la coupe dans laquelle Christ but lors de son dernier repas avec ses disciples et qu'elle fut utilisée par la suite par Joseph d'Arimathée pour recueillir le sang du Christ crucifié[4]. Mais selon les personnages de Dan Brown – l'enquêteur Langdon et le professeur Teabing – le vrai Graal n'est pas un objet, mais bel et bien une personne.

> « *Le Saint-Graal est Marie-Madeleine... La mère de la lignée royale de Jésus-Christ.* »[5]

Brown avance que Marie-Madeleine et Jésus étaient mariés et qu'ils eurent un enfant ensemble. Selon le *Code Da Vinci*, à la mort de Jésus, Marie fuit les autres disciples qui étaient jaloux de la relation qu'elle avait avec lui et elle vécut dans une communauté juive, en France, avec son enfant. Les personnages de Dan Brown soutiennent tout au long du livre qu'il y a des preuves de cette affirmation qui ont été gardées et protégées depuis l'époque des Croisades par une organisation secrète millénaire connue sous le nom de « Prieuré de Sion ». Ils annoncent triomphalement que les évangiles connus sont sans valeur et que des évangiles manquants, désespérément cachés par l'Église, témoignent de révélations au sujet de Marie-Madeleine. Elle aurait été en réalité la véritable mère de l'Église et Christ, lui-même, et ses disciples n'auraient jamais pensé qu'il était le Fils de Dieu.

La stratégie du doute

Ces théories bizarres, ésotériques et mystiques ne sont pas nouvelles. En fait, Brown fait librement référence à d'autres ouvrages dans le *Code Da Vinci*. Ces ouvrages explorent et exploitent depuis des siècles les théories de la soi-disant relation entre Jésus et Marie-Madeleine. Une des sources les plus citées par Dan Brown est un livre intitulé *Holy Blood, Holy Grail* (l'Énigme sacrée), paru en 1982 dont les auteurs sont Michael Baigent, Richard Leigh et Henry Lincoln[6]. Le nom de Leigh Teabing, personnage fictif qui dévoile un grand nombre des « mystères et complots » du livre de Brown est en fait un amalgame des noms Baigent et Leigh. L'hypothèse farfelue concernant la relation entre Marie-Madeleine et Jésus existe marginalement depuis des siècles; ce n'est qu'un vieux plat réchauffé, servi avec une sauce moderne.

Pourquoi est-ce que je crois nécessaire de répondre maintenant à une telle aberration ? Pourquoi confronter ce que nous présente le *Code Da Vinci* ? Plusieurs millions de lecteurs l'ont lu et perçu comme un simple roman à mystère. Par contre, des millions d'autres, croyant lire un roman basé sur des faits historiques, sur une recherche sérieuse et donc digne de confiance, semblent maintenant confus au sujet de qui Jésus est véritablement. Un nombre surprenant de gens se détournent de ce qu'ils croyaient vrai pour s'enivrer de cette bizarre mixture de déclarations fracassantes, présentée comme une œuvre historique à l'intérieur d'une œuvre de fiction.

David Klinghoffer, auteur et écrivain, bloggeur lu par des centaines de milliers d'internautes, résume la pensée de centaines d'analystes et observateurs lorsqu'il exprime, dans le *National Review,* ce qu'il croit être le grand danger de l'histoire de Brown.

> « *Ce qui est en jeu dans le Code Da Vinci n'est rien de moins que le christianisme traditionnel lui-même... Le fondateur et personnage central du christianisme aurait eu une fille, Sarah, de Marie-Madeleine. Si c'était vrai, cette théorie, pourtant taillée en charpie par les historiens les plus sérieux et cités du monde attaque les croyances fondamentales des chrétiens* ».[7]

« Si c'était vrai. » Des mots extrêmement importants. Si Dan Brown disait simplement inventer une œuvre de pure fiction qui mêle des évènements et personnages historiques à des intrigues, histoires et récits fantastiques et fantaisistes, alors notre livre ne serait absolument pas nécessaire. La folie, c'est que Brown prétend maintenant devant des millions de lecteurs qui n'ont pas étudié la Bible, l'Histoire, la théologie ou la naissance des grandes religions du monde, que ses écrits sont vrais ! Alors qu'il était interviewé sur le réseau américain NBC, lors de l'émission très populaire du matin *The Today Show,* Brown a essayé, avec arrogance et malhonnêteté, sous la pluie d'attaques de professeurs d'université, d'experts et d'historiens, de défendre la prémisse et la véracité des faits et informations trouvés dans son livre. Comprenez bien que plusieurs dizaines de millions d'Américains regardent chaque jour *The Today Show.* Aussi, Brown avait une bonne opportunité de laisser son bouquin être reconnu et considéré pour ce qu'il est, un roman de fiction.

L'intervieweur, Matt Lauer: *Quelle proportion de votre livre est basée sur la réalité, sur des évènements qui se sont réellement produits ?*

Dan Brown: *Absolument tout le livre dans ses moindres détails. Le personnage de Robert Langdon est bien sûr fictif, mais toutes les informations sur l'art, l'architecture et les rituels secrets sont de vrais faits historiques*[8].

Il faut noter que les entrevues accordées par Dan Brown sont extrêmement rares. Il refuse systématiquement toutes les propositions de débat ou de discussion qui lui sont offertes par des historiens, des théologiens ou des professeurs de séminaires ou d'universités spécialisés en histoire, théologie ou archéologie.

Il y a une raison pour laquelle Brown insiste sur le fait que son œuvre est factuelle, bien que fictive, et que les informations qu'on y lit sont véridiques. Il veut que vous puissiez « découvrir » et accepter une nouvelle perspective, une nouvelle vision de l'Histoire chrétienne, la sienne. Dans une de ses rares interviews, cette fois avec le réputé magazine littéraire *Bookpage*, Brown déclare :

> « Un des aspects sur lequel je travaille le plus est d'insérer et de communiquer énormément d'information dans mes livres. Je veux que les lecteurs apprennent et découvrent beaucoup de faits qui leur étaient inconnus. Lorsque vous terminerez ce livre, que vous le vouliez ou non, que vous le réalisiez ou non, vous aurez appris et découvert une tonne de choses. »[9]

Comprenez donc que Brown se donne le mandat et la mission d'enseigner, de changer vos idées et perceptions. Comme bien des professeurs modernes, il commence la première leçon en remettant en question ce que vous avez toujours considéré comme étant incontestable. Et pour y parvenir, il utilise des déclarations incendiaires, gratuites et fracassantes :

1. Jésus a eu des relations sexuelles avec Marie-Madeleine.

2. Les disciples, apôtres et chrétiens qui ont fondé le christianisme étaient tous au courant de l'histoire de

Jésus et Marie-Madeleine et ont «conspiré» pour cacher ce terrible secret.

3. Notre Bible est en fait l'œuvre d'un politicien, Constantin, qui l'a altérée et manipulée à son avantage pour un gain sordide.

4. L'Église chrétienne est en guerre contre la femme.

5. C'est par le vote du concile de Nicée, comité mandaté par l'Église 325 ans après la venue de Jésus, que l'on déclara que Jésus était «Fils de Dieu». Avant cela, il était simplement considéré comme un grand homme.

Il y a tout un bataillon d'universitaires sérieux qui s'écrient aussitôt: «Nous ne pouvons pas accepter ces théories farfelues et indéfendables honnêtement et intelligemment.»[10] Après tout, nous avons les faits historiques pour prouver hors de tout doute que ce que Brown prétend par la bouche de ses personnages est faux. Toutefois, Brown a ses propres idées concernant l'Histoire et la façon dont nous pouvons en faire varier les interprétations. Il dit:

> *«Il est intéressant de noter que depuis le commencement des temps, selon moi, l'Histoire a été écrite par "les gagnants" ou les "conquérants" (winners en anglais). Je veux que vous compreniez que ce sont les sociétés et systèmes de croyances qui ont conquis et survécu, qui écrivent vraiment l'Histoire. Plusieurs penseurs modernes croient maintenant, comme je le crois aussi, que lorsque nous jaugeons la véracité historique d'un concept ou d'un autre, nous devrions premièrement nous poser une question beaucoup plus profonde: jusqu'à quel point l'Histoire elle-même est historiquement véridique?»*[11]

Avec cette seule question, Brown nous révèle énormément de choses sur lui-même et met au rancart toute la tradition et l'accumulation de faits historiques acceptés, toute la jurisprudence factuelle que la race humaine a bâtie à travers les siècles. Cette pensée est le sable mouvant sur lequel repose et s'enfonce la fondation même de la méthode de recherche exhibée par Dan Brown dans le *Code Da Vinci*[12].

Cette pensée philosophique de plus en plus envahissante de l'extrémisme postmoderniste dilue, attaque, limite et rend même impossible la rigueur nécessaire à une interprétation historique sérieuse. Ce questionnement perpétuel et cette mise en doute existentielle et historique constituent une approche intellectuelle dangereuse et bien présente dans notre société moderne. C'est aussi un écho de l'attitude de déresponsabilisation et de la neutralité amorale trouvées dans la célèbre question de Pilate : « Qu'est-ce que la vérité ? »[13] Alors que ce procurateur est appelé à évaluer « l'histoire » de Jésus et qu'il se trouve face à un homme que les faits prouvent entièrement innocent, il le condamnera

> Il rejette du revers de la main la quasi-totalité des écrits historiques reconnus par le monde scientifique dans les domaines de l'archéologie et de l'histoire...

quand même à mort. Comme nous pouvons le constater, se « laver les mains » des faits historiques n'a pas commencé avec Dan Brown.

L'Histoire en question

En mettant de côté l'obligation que nous avons de respecter la notion de vérité historique et objective selon des barèmes vérifiables et reconnus, nous n'avons plus rien de solide à quoi nous accrocher. Nous nous retrouvons à la dérive sur un océan de confusion et de spéculation ! La philosophie et la méthodologie « Brownesque » ou « Code Davincienne » d'interprétation et de réécriture de l'Histoire consistent à systématiquement ignorer, sur des siècles, les centaines de manuscrits et un grand nombre de découvertes confirmant, par des fouilles archéologiques minutieuses, la véracité et l'authenticité des Évangiles. Dan Brown choisit de mépriser systématiquement la manne d'informations crédibles et reconnues par l'Histoire qui oppose de quelque façon ses théories, pour ensuite monter en épingle quelques documents isolés et baroques qui n'étaient même pas considérés viables par leurs contemporains au moment où ils ont été écrits. Il rejette du revers de la main la quasi-totalité des écrits historiques reconnus par le monde scientifique dans les domaines de l'archéologie et de l'histoire, parce que des portions de cette histoire ont été écrites et rapportées par des historiens chrétiens et que selon lui «ce sont les gagnants et les conquérants qui en influencent l'interprétation et le sens».

Comme vous allez le découvrir dans les prochains chapitres, l'auteur à succès a le chic pour faire des déclarations fracassantes qui ne tiennent absolument pas la route dans «une galaxie près de chez nous» appelée réalité! Un regard lucide et honnête sur l'œuvre des historiens à travers les siècles permet effectivement de constater que les conquérants tentent parfois de cacher, de couvrir, de réprimer ou d'influencer les faits et les évènements à leur avantage[14].

Toutefois, l'incontournable et triomphante réalité des écrits historiques modernes brille par le témoignage irréprochable des protagonistes - ceux qui ont vécu les drames et les tragédies - des survivants et des exploités. Des atrocités du Goulag à Auschwitz, Dachau, et les six millions de Juifs exterminés pendant l'holocauste nazi, les faibles, les abusés, les victimes et les survivants parlent puissamment. Des massacres de purification ethnique de la Bosnie Herzégovine aux 800 000 victimes du génocide tribal au Rwanda, les despotes, les tyrans et les meurtriers de l'Histoire n'arrivent pas à effacer ou à faire taire la voix des victimes. L'empreinte de ce qui est vraiment arrivé ne peut pas, en bout de ligne, être effacée par les forts. Les évènements et les faits peuvent être bâillonnés pour un temps, mais ce qui est jeté au fond du lac de la corruption, de la méchanceté, du camouflage et de la fourberie historique remonte toujours inexorablement à la surface de la connaissance humaine.

Le plus ironique concernant la logique tordue de Brown c'est que, lorsque vous réalisez les faits de l'histoire chrétienne, vous comprenez que ce ne sont pas des «gagnants» ou des «conquérants», mais plutôt des faibles, des minorités, des persécutés et des martyrs chrétiens qui ont majoritairement écrit les récits de la vie de Christ, de sa mort, de sa résurrection[15] et de l'Église[16]. La tradition historique et les écrits d'historiens non chrétiens juifs, grecs, romains et autres, nous permettent de réaliser que la plupart des disciples, apôtres et pères de l'Église ont proclamé leur témoignage de Christ souvent au prix de leur vie. Ils ont été torturés, brûlés vifs, affamés, fouettés à mort, sciés en deux, noyés ou jetés aux lions à cause de leur foi en Christ[17]. Et ce que Brown suggère dans son livre c'est qu'ils sont morts en martyrs pour ce qu'ils savaient être une supercherie!

Il prétend ainsi que les disciples et fondateurs de l'Église chrétienne sont allés jusqu'à la mort les uns après les autres en proclamant que Christ était le Dieu parfait, le Christ ressuscité et le rédempteur de l'humanité, entièrement homme et entièrement Dieu, sans péché, l'Agneau de Dieu qui enlève le péché du monde; cela tout en sachant qu'il était marié à Marie-Madeleine! Ces mêmes disciples n'auraient en fait considéré Jésus que comme un grand homme porteur d'un bon message, vivant la routine de sa petite vie domestique!

En réalité, ce qui est arrivé après la résurrection de Christ est sans précédent dans l'histoire de l'humanité. En l'espace de quelques années, un petit groupe de croyants qui semblait sans éducation, sans ressources, sans ascendant et sans possibilité de survie, réussit à influencer et bouleverser les empires de son époque. Le docteur Paul L. Maier, professeur d'Histoire antique de l'université Western au Michigan, fait cette remarque:

> «Bien qu'il soit saisissant, émouvant, mais concevable qu'ils aient enduré et subi le mépris, la persécution, le rejet, la perte des membres de leurs familles, la torture et même la mort par les martyres les plus violents et cruels pour ce qu'ils croyaient fermement être la vérité, c'est absolument inconcevable qu'ils puissent avoir été prêts à mourir pour ce qu'ils auraient su être un mensonge.»[18]

Comme le docteur Simon Greenleaf, célèbre professeur de droit et docteur d'histoire à l'université Harvard le dit si éloquemment:

> «Si cela avait été moralement possible pour eux d'avoir été trompés dès le début au sujet la perfection du message et du témoignage christologique, chaque motif humain opérait pour les conduire avec une rapidité fulgurante à découvrir leur erreur, car si leur témoignage ne s'était pas avéré au fil des années, il n'y avait absolument aucune motivation possible pour le sacrifice de tout ce qui leur était précieux,

jusqu'à la mort même au nom de ce qui aurait été une fabulation. »[19]

Tel que cet expert l'explique, les disciples de Jésus furent profondément et miraculeusement transformés par la résurrection. Pierre, qui à une époque avait été tellement apeuré d'être reconnu comme un disciple du Christ qu'il l'avait alors lâchement et sinistrement renié, blasphème à l'appui, fut transformé en un véritable lion de la foi. Selon la tradition historique, il fut crucifié en 64 après Jésus-Christ, sous la persécution de Néron, la tête en bas, parce qu'il ne se considérait pas digne d'être crucifié comme son Seigneur[20]. Jacques, le frère de Jésus, qui avait détesté et méprisé tout ce que son frère représentait, se nommera lui-même après la résurrection de Christ, « le serviteur de Jésus-Christ. »[21] Il devint non seulement pasteur et leader de l'église chrétienne de Jérusalem, mais il mourut en martyr pour sa foi.

Eusèbe de Césarée, un historien juif irréprochable de l'époque, décrit comment Jacques fut jeté en bas du pinacle (le toit) du temple et fut par la suite lapidé à mort[22]. Presque chaque disciple subit un sort similaire. L'apôtre Paul fut radicalement transformé. Alors qu'il avait été un persécuteur assoiffé de sang de l'Église chrétienne, il devint l'apôtre, le prédicateur et le messager le plus influent de l'histoire du christianisme[23]. Ses écrits sont considérés, tant par les historiens chrétiens que séculiers parmi les plus rigoureux, comme étant les plus anciens, les plus solides et les plus crédibles. Paul souffrit de manière atroce et fut décapité sous la persécution de Néron. Pierre, Jacques et Paul ne furent pas les seuls à vivre une transformation radicale par la puissance du témoignage de la résurrection de Christ.

Comme l'écrit l'historien et philosophe le docteur J. P. Moreland :

« Quelques semaines et mois à peine après la résurrection de Christ, des centaines de communautés et des dizaines de milliers de Juifs étaient prêts à abandonner toutes les traditions sociales, religieuses, économiques, théologiques et familiales qui avaient tissé leur identité nationale

pendant des siècles pour suivre et vivre le message du Christ ressuscité. Ils ont changé le monde. »[24]

La logique de l'auteur exprimée au travers des protagonistes du *Code Da Vinci* est inacceptable moralement et intellectuellement. Brown rejette la plus grande partie de l'Histoire acceptée et reconnue parce qu'elle a été écrite par l'Église, et parce que ce sont, selon lui, les « gagnants » qui écrivent l'Histoire. Pourtant, il dit que tout ce qu'il présente dans le *Code Da Vinci* est « un fait historique ». Alors, qui sont les nouveaux « gagnants » de qui Brown dépend pour sa version de l'Histoire ? Il est évident que les « gagnants » sont ceux qui sont d'accord avec son interprétation, sa version de Jésus, de Marie-Madeleine et des enseignements de la Bible. Son penchant pour tout ce qui est contre l'Église chrétienne et ses positions et préjugés anti-Évangile sont évidents, sans fondement ni discernement ni rigueur intellectuelle.

Écoutez les héros du *Code Da Vinci* :

« *Le Nouveau Testament est entièrement basé sur des légendes, des mensonges et des fabulations...* »

« *La plus grande histoire jamais racontée est en fait la plus grande histoire jamais vendue...* »

« *L'église a plus de 2000 ans d'expérience à faire disparaître ceux qui menacent de dévoiler ses mensonges [...] La Bible, ma chère, est l'œuvre des hommes et n'a rien à voir avec Dieu [...] Ma chère, lui répond Teabing, Jésus était perçu et connu par ses disciples comme un simple mortel [...] Rien dans le christianisme n'est original. Tout a été copié ou emprunté aux religions et mythologies de l'époque.* »[25]

Les allégations de Dan Brown sont basées sur des symboles, des messages secrets enfouis dans des œuvres d'art et des tableaux ou dans des documents anciens qui étaient ridiculisés ou considérés inacceptables historiquement à l'époque même où ils ont été écrits. Comme vous allez le lire dans les chapitres suivants, un très grand nombre de soi-disant « faits » sur lesquels Brown appuie ses théories sont aisément réfutables. Bien que l'objectif principal de ce livre ne soit pas de souligner toutes les erreurs factuelles dans le *Code Da Vinci* (et elles sont extrêmement nombreuses!), il me semble important de dévoiler et de confronter ses plus grands mensonges.

En terminant ce chapitre, laissez-moi vous expliquer pourquoi je souhaite faire cela. Quelqu'un pourrait me dire : « Relaxe, vieux! C'est seulement un roman!» La gravité et la tragédie du roman de Brown c'est que, chapitre après chapitre, il tisse cruellement et malhonnêtement une toile mensongère dans laquelle des millions de lecteurs sont pris. Le portrait qu'il fait de Christ, de la foi chrétienne et de l'Église est non seulement faux mais il est, de surcroît, en contradiction absolue avec l'intention de Dieu manifestée dans l'incarnation de Christ et représentée par l'Église sur la terre.

Il y a quelques mois de cela, j'ai lu sur Internet un discours qui a fait beaucoup de bruit dans le Canada anglais, aux États-Unis et à travers le monde. Il a été prononcé le 12 mai 2004 par Brian Stewart au 160e anniversaire d'une des universités les plus anciennes et célèbres du Canada, le *Knox College*. Brian Stewart est un journaliste canadien d'expérience, très respecté dans sa profession. Animateur de l'émission d'affaires publiques et étrangères *CBC News Worldview,* il est en plus correspondant principal pour *The National,* le journal télévisé renommé de la CBC (*Canadian Broadcasting Corporation*).

Depuis des années, des millions de Canadiens regardent ces émissions très sérieuses. Stewart a reçu le *Gemini Award* du « Meilleur journaliste d'information télévisée toutes caté-gories », ainsi que de nombreux autres prix et récompenses journalistiques. En tant que correspondant international, il a couvert plusieurs des pires catastrophes et conflits des trente dernières années et a réalisé des reportages en direct de neuf régions où la guerre sévissait! Avant de plonger ensemble dans le *Code Da Vinci,* j'aimerais tellement que vous puissiez considérer ce que Brian Stewart a découvert. Au fil des années, au gré de ses voyages autour du monde, de ses enquêtes et de ses aventures, il a constaté de visu que l'Église chrétienne sur la terre est bien différente de celle du *Code Da Vinci.*

Ce qui est fascinant, c'est que Brian Stewart n'est pas un théologien, ni un prêtre ou un pasteur. Il évolue depuis quatre décennies dans le monde des médias. En raison du métier qu'il exerce, l'approche cartésienne et l'esprit critique sont devenus une deuxième nature chez lui. Il pourrait être cynique. Pourtant, il peint un portrait des chrétiens du monde qu'il est très important de considérer. Ce qu'il a vu, partout sur notre planète, ne me surprend pas. Je ne suis pas un idéaliste, un rêveur qui fait l'autruche et qui prétend ne pas voir les faiblesses de l'Église chrétienne tout au long de son histoire ainsi qu'à notre époque. Malgré mon amour pour elle je demeure aussi un de ses plus sévères critiques. Ses taches et tragédies dans l'Histoire sont nombreuses, horribles; chaque chrétien lucide et honnête devrait le reconnaître.

Le *Code Da Vinci* qualifie l'Église de fumiste, menteuse, meurtrière, frauduleuse, cruelle, despotique, inutile et complètement indifférente à la souffrance humaine. Ce n'est tout simplement pas vrai. Je n'arrive pas à la cheville d'un homme de la trempe de Brian Stewart, mais je sais de quoi il parle. J'ai vu le peuple chrétien, ceux qui suivent le Christ et constituent l'Église de par le monde. Et cette Église est souvent magnifique. Je l'ai vue et j'ai nourri des enfants avec elle dans les dépotoirs de Mexico. Je me souviens de ces chrétiens passionnés qui, depuis plus de vingt ans, servaient de la nourriture, donnaient des soins dentaires et médicaux à des milliers d'enfants vivant dans les égouts de Mexico. J'ai vu et côtoyé l'Église en Afrique, celle qui aide des détenus et des malades dans des prisons et des colonies de lépreux. J'ai vu l'Église en Haïti aimer et soigner, avec respect et dignité, des milliers de sidatiques.

Chez nous, à l'Église Nouvelle Vie au Québec, c'était la chose la plus naturelle du monde d'ouvrir nos portes à plus de cinq cents personnes pour que notre bâtiment devienne un centre d'accueil et d'hébergement lors de la crise du verglas de janvier 1998[26]. Pendant deux semaines, nous avons nourri et logé ces centaines de familles de la ville de Longueuil. Nous nous sommes préoccupés des vieillards, des enfants, des bébés, des musulmans, des catholiques pratiquants et non pratiquants, des athées, des policiers et des pompiers épuisés, des techniciens d'Hydro Québec[27], des francophones, des anglophones, des Haïtiens, des Africains, des allophones et des hispanophones. Nous mangions ensemble, jouions avec les enfants, soignions les malades. L'Église chrétienne, c'est ça.

Les policiers et les autorités municipales nous appellent régulièrement lorsqu'il y a un incendie dans la ville et que des familles se retrouvent à la rue en ayant tout perdu. Nous leur trouvons des vêtements, des meubles, un nouveau logement. Les chrétiens de notre église visitent des hôpitaux pour enfants ou des maisons de personnes âgées et préparent à Noël des milliers de paniers de nourriture et de jouets qui sont distribués dans une grande fête de joie, d'éclats de rire et d'espoir.

Lorsque Ray Kroc le fondateur de la chaîne des restaurants McDonald's est décédé, il a fait un don d'un milliard et demi de dollars américains à l'Armée du Salut. Cette organisation fondée par William et Catherine Booth, en Angleterre, pour venir en aide aux enfants victimes d'esclavage au XIXe siècle, est à la fois profondément chrétienne et passionnément consacrée à la défense de ceux qui souffrent à travers le monde depuis des siècles. Lorsque l'on demanda à la veuve de Ray Kroc pourquoi, alors qu'il n'était pas un homme particulièrement religieux, il avait choisi cet organisme chrétien parmi des centaines d'autres, sa réponse fut : « Partout où nous sommes allés dans le monde, nous avons vu les chrétiens se battre contre la pauvreté et l'injustice. Nous avons voulu les aider à continuer. »[28]

Un ami proche qui travaille avec l'ONU me disait récemment que plus de 70 % de tous les organismes humanitaires au monde sont de souche chrétienne. En parcourant le monde, le journaliste Brian Stewart a vu l'Église toucher notre société chaque jour. Écoutez son discours aux diplômés du *Knox College*. Son message est important pour nous tous, génération du *Code Da Vinci*. Je vous invite à prendre les quelques minutes nécessaires à la lecture de ce texte magnifique qui apporte une perspective qui est absolument inconnue au lecteur moyen du *Code Da Vinci*.

« *Sur la ligne de front* », par Brian Stewart

Je vous remercie sincèrement pour votre présentation si sympathique. C'est un grand honneur pour moi d'être l'orateur de cette assemblée commémorant le cent soixantième anniversaire du Collège Knox. Il y a de cela exactement quarante ans, ce matin, je passais mon dernier examen avant d'être diplômé de Ryerson, en 1964. Je peux même me souvenir de l'heure exacte – j'avais inscrit à mon agenda que je déposerais ma plume à 11h41.

Remarquez bien à quel point, il y a quarante ans, nous avions, nous, jeunes journalistes, vraiment du toupet (pouvez-vous vous imaginer!). Nous nous pensions si compétents que nous croyions pouvoir deviner ce que le futur nous réservait. Par exemple, nous étions certains que la guerre froide durerait toute notre existence; que les Beatles, que nous venions juste de voir à l'émission d'Ed Sullivan, tomberaient probablement dans l'oubli Noël venu; pour ce qui est d'Hollywood, eh bien, ils venaient sûrement de produire leur dernier film biblique – à l'avenir, il n'y aurait certainement pas de demande sur le marché pour un tel produit. Quant aux institutions bien établies: la monarchie s'éteindrait bien avant la fin du siècle, comme une grande partie de l'Église d'ailleurs.

Pas si mal comme prévisions, n'est-ce pas? En réalité, peu de prévisions sérieuses se sont avérées au fil des ans, que celles-ci émanent de journalistes, de futurologues, de sociologues ou, devrais-je le dire, d'organismes de renseignements. Cela devrait nous convaincre de toujours nous souvenir de cet avertissement: méfiez-vous des prédictions audacieuses au sujet de telle ou telle «tendance qui semble irréversible» et que les médias aiment tant.

Je ne suis pas théologien – pardonnez mes maladresses sur ce point –, mais ce qui m'a vraiment surpris pendant ces années n'est pas le triomphe des tendances, qui vacillent et s'effacent comme les ombres d'un crépuscule d'été, mais bien la survie de la soif spirituelle. Cette soif spirituelle (et la force d'action religieuse qui en résulte) pousse l'homme à servir et aider les autres. Cette surprise, je crois bien, était ma propre surprise, car cette «force» était présente, après tout, dès le début du christianisme. Mystérieusement, elle n'a jamais semblé s'affaiblir ou s'atténuer. Je désire vous partager quelque chose que j'ai retenu de mes observations de journaliste, quelque chose que je suis finalement venu à croire très profondément.

Pendant plusieurs années je me suis fait à l'idée que le christianisme dominant et organisé n'était devenu qu'un faible courant de la société moderne. Eh bien, je suis ici pour vous assurer que, de ce que j'ai pu observer au cours des dernières décennies en tant que journaliste, rien n'est plus loin de la vérité. Cette pensée est une sérieuse déformation de la réalité. J'ai réalisé qu'il n'y a aucune mobilisation, aucune force, plus proche de la dure réalité de la guerre, et de la difficile condition humaine, que le christianisme d'action organisé. Et il n'y aucune alliance plus déterminée et enracinée dans l'action que celle d'ouvriers d'églises, de pasteurs et de membres laïcs, lorsque ceux-ci sont mobilisés pour un intérêt commun.

Ce sont ces chrétiens qui se tiennent aujourd'hui sur la «ligne de front» de l'engagement humain. Ce front s'occupe autant de couvrir les régions les plus pauvres du monde que de livrer une dure bataille pour préserver les valeurs de solidarité dans nos grandes villes. Chaque fois que je me rendais sur ces lignes de front, j'y trouvais toujours des bénévoles chrétiens déjà en action, mobilisant des groupes de gens intéressés à aider et témoignant fidèlement de la vérité.

Mais le fait demeure que très souvent, dans les régions désespérées, ce sont les groupes de chrétiens qui arrivent les premiers...

Ces bonnes actions sont rarement reconnues par les médias ou les responsables gouvernementaux, car la religion en rend plusieurs perplexes. Ainsi donc, le christianisme qui œuvre sur la ligne de front ne fait pas toujours les manchettes; cette réalité entretient malheureusement le mythe que l'Église ne fait que suivre le courant. Permettez-moi d'insister: je n'ai jamais connu une région en guerre ou été témoin d'un groupe en proie à la famine ou à une crise sans qu'une organisation d'église n'y soit déjà établie bien longtemps avant que j'arrive. Je ne veux pas minimiser le dur labeur accompli par les autres religions ou par ces O.N.G. séculières et efficaces. Ces gens collaborent grandement aux efforts de l'Église. Mais le fait demeure que très souvent, dans les régions désespérées, ce sont les groupes de chrétiens qui arrivent les premiers, travaillent de façon héroïque pendant la crise.

J'en suis venu à ce constat d'admiration non sans réticences. Au début de ma carrière, l'Église était pour moi inutile et ennuyeuse. Ce qui, finalement, m'a convaincu du contraire – et il en fallait beaucoup pour me persuader – a été la réalité de la mission du christianisme qui se déroulait sous mes yeux. Ce n'était pas l'attrait de grands moments de splendeur, bien que je doive admettre que la couverture de six des premiers voyages du Pape à travers le monde, a certainement ébranlé mes idées préconçues d'un christianisme faiblissant. Les rassemblements de millions de personnes m'impressionnaient, moins cependant que ces moments intrinsèquement personnels, qui semblent profondément ancrés dans le christianisme.

J'ai le souvenir de cette cage d'escalier mal éclairée à Gdansk, en Pologne. Comme plusieurs d'entre vous se souviennent, la première brèche importante à se produire dans le puissant empire communiste — est survenue en Pologne au début des années 80. Appuyé par l'Église, ce mouvement, sous l'autorité de Lech Walesa, s'est levé pour contester la tyrannie. M. Walesa mérita plus tard le prix Nobel et devint président de la Pologne. Lorsque je rencontrai Walesa il revenait de prison et vivait dans l'isolement. Sa vie était si souvent menacée qu'il ressemblait à un condamné à mort le jour de son exécution. Certains d'entre nous l'ont rencontré sur cet escalier. Un de nous lui demanda : «Avez-vous peur ?» Il s'arrêta, surpris par cette pensée, puis répondit avec une voix d'acier : «Non, je n'ai peur de personne, ni de rien, sauf de Dieu.». Ce fut un moment transcendant. Je réalisais que sur cet escalier miteux se tenait l'exemple le plus pur de courage et de conscience empreints de foi chrétienne. Quelques années plus tard, toujours en Pologne de même qu'en Allemagne de l'Est, en Tchécoslovaquie et en Roumanie j'observais cet empire s'écrouler devant les organisations de protection des droits civils. Ces mouvements émergeaient eux aussi de sous-sols d'églises et de petits rassemblements. De bien grandes choses commencent tranquillement, dans de modestes salles d'églises, n'est-ce pas ?

J'ai été témoin d'actions humanitaires de la part de nombreuses autres églises : des sauvetages d'enfants vivant dans les dépotoirs du Mozambique ; de l'enseignement donné aux ouvriers vétérans illettrés vivant dans des taudis du Brésil; de la compassion paisible pour les fugueurs et toxicomanes vivant dans les méandres asphaltées des grandes villes. Plusieurs groupes d'églises ont travaillé dans des camps de famine procurant nourriture et soins et permettant de maintenir le moral de chacun durant les pires tragédies. Ces mots résonnaient sans cesse dans ma tête, comme une cloche: «Même ici.» Les églises semblaient dire «même ici», peu importe la distance, la misère ou le danger.

Un autre souvenir: la guerre civile et meurtrière au Salvador au début des années 80, une guerre qui ne comptait plus les massacres d'innocentes victimes, une guerre qui nous faisait trembler devant ces mots «l'aile radicale des escouades de la mort». Quant aux journalistes qui croisaient leur chemin, ils ne pouvaient être épargnés également. Ainsi, la règle pour nous était d'être de retour dans la capitale avant la noirceur. Un après-midi, alors qu'on interviewait un petit groupe de réfugiés vagabonds dans le nord du pays, nous avions mal évalué le temps.

La lumière du jour commença à faiblir et les bruits de la jungle s'intensifièrent avec menace. Pendant que nous rangions notre équipement, une délégation de réfugiés nous suppliait de passer la nuit avec eux parce que, disaient-ils, les escouades de la mort se tenaient dans les environs. C'était un de ces moments où je maudissais le jour où j'étais devenu correspondant à l'étranger. Nous étions nous aussi des cibles. Nous débattions et essayions de nous justifier comme des gens effrayés pouvaient le faire: «Nous devons rentrer, une communication satellite nous attend, nos emplois en dépendent, à quoi cela servirait-il que nous soyons tués également et que notre reportage ne soit jamais rendu public...» Du même coup, pensions-nous, comment pouvons-nous les abandonner?

Nous étions toujours en train de débattre lorsqu'une vieille camionnette arriva en trombe dans le camp. Trois ouvriers chrétiens en sortirent arborant un drapeau de la Croix-Rouge. Ils écoutèrent la discussion pour finalement nous dire avec insistance: «Non, les journalistes doivent partir. Il est primordial qu'ils diffusent la nouvelle que vous êtes *en grand péril ici. Nous resterons pour la nuit et serons en mesure de vous protéger. » Partout où sévissait cette guerre atroce, il y avait ces petits groupes de chrétiens qui tentaient d'éviter ces assassinats. Nous partîmes alors soulagés d'une façon inexprimable. Plus tard, nous apprenions que grâce à la protection de ces bons samaritains, la vie de ces personnes âgées avait été épargnée. Il n'y eut point d'assassinats. Mais je me suis souvent demandé ce que j'aurais fait si cette vieille voiture ne s'était pas présentée ce soir-là.*

Je réalise que lorsque les droits de la personne sont bafoués, l'Église est bien souvent la première en action – après tout, quelle autre organisation dispose de meilleures ressources sur le terrain ? Bien souvent, les premiers rapports émanant des groupes religieux aident à galvaniser une intervention efficace des organismes connus tels qu'Amnistie Internationale, Human Rights Watch et l'Organisation des Nations Unies.

J'aimerais vous entretenir ce soir de ce qui se passe avant que le grand public soit informé des famines ou des traitements cruels infligés à de larges groupes de population.

En 1984, un de mes collègues de la chaîne renommée de télévision BBC et moi-même, étions les premiers à informer le public de la grande famine qui sévissait en Éthiopie. Le monde avait alors réagi comme on le sait, et la télévision reçut tout le crédit pour avoir épargné la vie de millions de personnes. Mais nous n'étions pas là les premiers. Nous y étions allés parce que pendant des mois, l'Église et les groupes d'aide sur le terrain, avaient anticipé cette famine et imploré le monde de passer à l'action. Quand nous avons pu finalement nous rendre sur les lieux, en dépit de l'opposition du gouvernement éthiopien, ce fut ces groupes chrétiens qui nous guidèrent vers les régions en péril, nous transportèrent avec leurs avions de brousse dans les endroits montagneux et nous proposèrent un plan d'action pour savoir où et comment intervenir.

Je trouve déplorable que le terme «christianisme musclé» ne soit plus usité parce que pour une grande part, le christianisme que j'ai observé exige un travail musclé où sueur et mains sales sont la norme. L'esprit de Dietrich Bonhoeffer est toujours vivant.

Je crois qu'une forme de bonheur humain émerge d'une vie florissante où l'esprit et l'intellect sont mis à contribution au maximum dans le but d'apporter du bien à l'humanité. Oui, ces chrétiens semblent «florissants». C. S. Lewis racontait que le christianisme produisait une «saine infection». Les ouvriers chrétiens qui travaillent sur la ligne de front infectent ceux qui les entourent, même ceux qui ne sont pas chrétiens, par le sens profond du mystère de Christ et de sa puissance. Je l'ai vécu. Cet esprit change le monde, encore et encore.

Maintenant je comprends que le seul fait d'être témoin de bonnes actions, aussi salutaires soient-elles, n'est pas suffisant. Bien souvent, je me sentais perdu sur la ligne de front sans connaissance poussée du christianisme, cette religion d'une si grande profondeur. J'avais besoin des principes théologiques que vous, qui obtenez votre diplôme ce soir, devrez inculquer aux autres.

Pendant les pires mois de la guerre civile meurtrière du Liban au cours des années 80, j'étais à Beyrouth et célébrais secrètement Noël avec cinq ou six collègues. En décembre de cette année-là, une milice extrémiste menaça de faire feu sur toute célébration chrétienne qu'elle verrait.

Notre groupe de correspondants étrangers n'était pas différent des autres groupes de reporters; nous étions cyniques et aimions faire la fête. Nous décidâmes alors que nous fêterions Noël quelles que soient les menaces. Nous avions installé des draps à toutes les fenêtres pour ne pas attirer l'attention de la milice, nous avions acheté des cadeaux (limite de 4 $) pour les échanger et nous avions fabriqué un mini arbre de Noël amusant avec de vraies chandelles allumées. Des moments mêlés de plaisir, de nostalgie de notre coin de pays et de réflexions sereines. Des moments que je n'oublierai jamais.

Pourtant, quelque chose manquait; nous ne pouvions saisir la dimension religieuse de ces moments. Nous avions besoin d'être guidés vers la Bible, ne fut-ce qu'un court message, pour comprendre réellement l'inexprimable émotion qui nous étreignait la gorge. Nous aurions eu besoin que l'un de vous soit présent avec nous.

En résumé, ma propre expérience m'a convaincu que le christianisme est à son plus haut niveau dans l'entraide. Je ne suis plus maintenant la personne qui peut dire: «Je vais faire les choses à ma façon.» Le christianisme a besoin d'organisation, et j'oserais même dire, d'institutions. Au-delà de l'organisation, l'Église a besoin d'individus formés, capables de transiger avec les défis offerts par ce christianisme profond, intellectuel, stimulant et en constante évolution – cette théologie qui, bien que personnelle, de par sa nature, se partage et se répand pour le bien de tous.

Les lignes de front dont je parle se trouvent également dans notre propre société, ici dans cette ville et peut-être même à l'intérieur de ce campus. Oui, «même ici». Et l'Église est toujours là en premier, bien avant les médias et les politiciens, à s'occuper des besoins de notre société individualiste.

Peu importe la collectivité dans laquelle vous travaillez, des défis extraordinaires sont à relever: la population qui vieillit, les nombreuses dépendances à toutes sortes de choses, la solitude des gens et le désespoir spirituel. Vous vivrez des moments extraordinaires alors que vous participerez à ressusciter cette soif spirituelle – qui n'existe que pour servir, célébrer, chanter et rassembler les autres dans une joie florissante qui mène à la plénitude de la vie[29].

Alors que ces mots de Brian Stewart vous ont, je l'espère, permis d'entrevoir une vision différente de Christ, de la foi chrétienne et de l'Église, je vous invite à faire le grand saut avec moi dans l'univers du *Code Da Vinci*. J'espère de tout mon cœur qu'en lisant ce livre, vous allez sourire, apprendre, fulminer, réfléchir, et surtout retrouver et fortifier votre confiance dans la foi chrétienne pour, à la fin, faire l'hallucinante découverte de ce que j'appelle «Le *mystère* du Code Da Vinci».

Êtes-vous prêts? Je ne voudrais pas franchir la prochaine étape sans vous!

chapitre 2

La mythomanie
et le terrible message du Code Da Vinci

> *« John Grisham vous enseigne dans ses romans la loi,*
> *les tribunaux et les avocats. Tom Clancy vous enseigne*
> *la technologie militaire. Dan Brown vous donne un cours*
> *intensif sur l'histoire de l'art et de l'Église catholique. »*
> *Stephen Rubin, président et éditeur de Doubleday/Broadway*
> *Publishing Group, qui a publié le* Code Da Vinci [1]

> *« Une des nombreuses qualités qui rend le Code Da Vinci*
> *unique est la nature factuelle et authentique du récit.*
> *Cette histoire est basée sur des faits. Toute l'histoire,*
> *les œuvres d'art, les documents anciens et les rituels secrets*
> *du livre sont rigoureusement véridiques comme le sont*
> *tous les codes secrets révélés dans certains des tableaux*
> *les plus célèbres de Léonard de Vinci. »* [2]
> *Dan Brown, auteur du* Code Da Vinci

« Extrico subjectio quod verum ero evidens »

Cette phrase, c'est à peu près tout ce qui me reste de mon cours de latin de secondaire 1 au Collège des Eudistes! Elle veut dire simplement: «Dénouez un sujet et la vérité sera évidente». Le livre des Proverbes dans la Bible nous offre la même possibilité. «La langue qui ment ne dure qu'un moment, mais les lèvres qui disent la vérité sont établies et ce qu'elles disent demeurera pour toujours.» (Proverbes 12.19, Bible Parole Vivante)

En contraste flagrant avec la vérité, on retrouve la mythomanie qui est une «tendance pathologique à la fabrication, à la simulation et au mensonge[3]». Dans mon dictionnaire, il y a une photo de Dan Brown à côté de ce mot! (Bon... pas vraiment... mais on a le droit de rêver!)

Mais comme vous pouvez le constater dans leurs citations, l'auteur lui-même et son éditeur accordent tous deux au *Code Da Vinci* un air de totale authenticité. Cette prétention est une des clés de son succès commercial. La foi d'une personne est quelque chose d'intense, de sacré et qui touche les émotions. Par conséquent, les vues et les convictions religieuses de chacun devraient être traitées avec réflexion, dans le plus grand respect et la plus grande tolérance qui soient. Cela ne veut pas dire que pour avoir du respect l'un pour l'autre il est nécessaire que nous soyons d'accord en toutes choses. Je crois, toutefois, que cela nous demande de faire tous les efforts nécessaires pour être aussi précis, mesurés et informés que possible sur les faits lorsque nous discutons de ces sujets.

> Le *Code Da Vinci* n'est pas offensant parce qu'il est en désaccord avec le christianisme, mais plutôt parce qu'il tord sa nature afin de pouvoir le mépriser et l'abaisser.

Le *Code Da Vinci* de Dan Brown fait malheureusement exactement le contraire. Ce livre semble avoir comme seuls objectif et engagement de représenter faussement la foi chrétienne si précieuse et si personnelle pour des centaines de millions de personnes. Pour moi, il ne s'agit même pas d'un sujet ou d'un débat «chrétien». La question est de savoir ce qui est vrai et ce qui est faux, si l'on parle de faits réels ou de fiction, de vérité ou de mensonges, d'exactitude ou d'inexactitude. En d'autres mots, le *Code Da Vinci* serait tout aussi offensant s'il utilisait sa méthode de fausse représentation d'évènements historiques, d'exagération et de manipulation de noms, de lieux et de faits, pour salir qui que ce soit d'autre en assurant le faire à partir d'une recherche rigoureuse. C'est comme si un «roman historique» garantissant en première page l'authenticité de toutes les recherches ayant mené à la construction du récit mettait dans le même bain terrorisme, foi musulmane, catholicisme et sexisme.

Le *Code Da Vinci* n'est pas offensant parce qu'il est en désaccord avec le christianisme, mais bien parce qu'il tord sa nature afin de pouvoir le mépriser et l'abaisser, jusqu'à réécrire un grand nombre de faits et d'évènements historiques. À elle seule, une recherchiste en histoire des civilisations et en archéologie a dénombré dans ce livre et archivé plus de 600 erreurs flagrantes[4]. Cela représente plus d'une erreur par page! Pourtant, au moment où j'écris ces mots, sa réputation de «roman historique basé sur des faits» continue à se répandre. Un nombre incalculable de sites Internet, d'articles de journaux, d'émissions de radio et de télévision ont été contaminés avec des dizaines de citations du *Code Da Vinci* qui sont, la plupart du temps, présentées comme véridiques.

Ce que je vous propose dans ce chapitre, c'est de souligner quelques-unes des innombrables erreurs, des petites et des grandes, que l'on découvre dans ce roman. Notre méthode sera simple et directe. Nous allons examiner ensemble des extraits du livre, en relever les erreurs et répondre par des faits indiscutables et sans équivoque. En mettant en lumière ses aberrations, ses exagérations et ses faussetés sur des sujets variés, nous démontrerons les énormes lacunes factuelles présentes de façon générale dans le *Code Da Vinci*. Ensuite, nous confronterons dans les prochains chapitres ses déclarations-choc majeures qui se révèlent cependant sans aucun fondement.

Prenez note que les citations du *Code Da Vinci* que vous trouverez ici sont des traductions libres de l'anglais et que les notes de fin de chapitre renvoient aussi aux pages du roman original. Le renvoi aux versions en français était impossible puisque les traductions et les éditions varient énormément d'un pays à l'autre et selon l'année de parution, tant dans le format du livre que dans la pagination.

Faits ou allégations?

Avant de «plonger» dans le vif du sujet, laissez-moi vous poser une question: Avez-vous déjà été pris en flagrant délit alors que vous mentiez? Vous souvenez-vous de cette horrible sensation de «je suis pris»? Le rouge qui monte au visage, les bouffées de chaleur, le bégaiement, le cerveau qui bloque alors que vous cherchez désespérément quelque chose à dire pour vous en sortir... Remarquez que cette description que je viens de faire de quelqu'un pris en flagrant délit de mensonge est le fruit de mes longues études objectives en sociologie et de mes observations du comportement humain, et non d'expériences vécues dans ma lointaine jeunesse! (Je ne dirai plus un mot à ce sujet sans la présence de mon avocat!)

Détendez-vous! Ce n'est pas de vous dont il est question! Mais de Dan Brown et plus particulièrement des déclarations faites par le biais de ses personnages dans le *Code Da Vinci*. Nous allons lire leurs témoignages et rendre un verdict. Vous êtes donc assis dans la chaise du juge et non de l'accusé. Nous aurons l'opportunité de juger si l'auteur a le droit de nous «enseigner l'histoire de l'Église». J'aborde cette démarche avec un grand sérieux car l'enjeu est de suprême importance. Il n'y a rien dans l'histoire de l'humanité de plus puissant, de plus surnaturel, de plus beau et de plus pur que le témoignage de l'Évangile de Jésus-Christ. Ce message a changé le monde et des milliards de personnes sur la terre le respectent et l'honorent. Le livre de Dan Brown le remet totalement en question, l'insulte, le diminue et le méprise. Ainsi, aux questions: «*Le Code Da Vinci* est-il digne de confiance? Est-il basé sur des faits rigoureusement exacts tel que son auteur le prétend avec tant de véhémence?», je vous réponds: «Voici les faits, à vous de décider.»

Le Code Da Vinci: «La pyramide à l'extérieur du Musée du Louvre à Paris a été construite à la demande spécifique du président François Mitterrand avec 666 losanges de verre. 666 est le nombre de Satan et des ténèbres» (page 21).

Les faits: Selon les registres et le site officiel du Musée du Louvre, la pyramide est couverte «d'exactement 673 panneaux de verre en forme de diamant et plus lorsque l'on considère d'autres motifs[5]».

Le Code Da Vinci: «La planète Vénus trace un pentacle parfait à travers le ciel tous les huit ans. C'est en l'honneur de la déesse Vénus que les Grecs ont créé les olympiques. De plus, les Grecs avaient décidé que l'étoile à cinq branches serait le sceau officiel des jeux en l'honneur de la puissante déesse, mais cela a été changé au dernier moment pour les cinq anneaux» (page 37).

Les faits: Les olympiques furent créés en l'honneur du dieu grec Zeus. Ils étaient présentés dans des cycles de quatre ans et non de huit. Les Grecs n'ont jamais décidé que le pentacle serait le sceau officiel des olympiques. Ils n'utilisaient pas non plus les cinq anneaux qui sont associés aux jeux modernes. Ce sigle a été créé en 1913 par le fondateur du Comité International Olympique, le baron Pierre de Coubertin[6]. Les cinq anneaux représentent les cinq continents participant aux Olympiques (dans cette conception géographique européenne, l'Amérique du Nord et du Sud sont un seul et même continent)[7]. La planète Vénus ne trace absolument pas un pentacle parfait représentant supposément la suprématie d'une déesse, mais plutôt un mouvement en zigzag du haut vers le bas… comme la ligne qui apparaît sur le test du polygraphe (détecteur de mensonges) lorsque quelqu'un raconte des bobards[8]!

Le Code Da Vinci: «La tradition juive promulguait des célébrations de rituels sexuels dans le temple, rien de moins. Les Juifs croyaient que le lieu très saint dans le temple de Salomon était hôte non seulement pour Dieu, mais pour Sa Puissante Égalité Féminine, La Déesse Shekina» (page 309).

Les faits: Il n'y a absolument aucune preuve historique que des rituels sexuels avaient lieu dans le temple. Au contraire, les écritures les plus anciennes de la Torah, du Pentateuque* et de la tradition juive, les condamnent de tout leur poids. Ces rituels à caractère sexuel étaient présents dans les pratiques idolâtres et dépravées des nations autour d'Israël[9] ou bien lorsque les envahisseurs profanaient le temple[10]. Le nom «Shekina» n'est absolument pas celui d'une déesse, mais l'amalgame de deux mots hébreux qui signifie tout simplement «demeurer». Il est utilisé dans les Écritures pour indiquer que la présence de Dieu «demeurait» parmi le peuple selon la promesse qui avait été faite par Dieu lui-même. Cela ne veut pas dire que le temple limitait la présence de Dieu, mais plutôt

---

* nde : Ce sont les cinq premiers livres de l'Ancien Testament, de la Genèse au Deutéronome.

que c'était un endroit où Dieu désirait demeurer et où il souhaitait rencontrer le peuple[11].

Le Code Da Vinci: «Durant 300 ans de «chasses aux sorcières», l'Église a brûlé au bûcher plus de cinq millions de femmes» (page 125).

Les faits: Un nombre impressionnant d'historiens établissent un consensus pour estimer entre 30 000 et 70 000[12], sur une période de 400 ans, le total des victimes des «chasses aux sorcières». Ces milliers de morts, c'est terrible, cela représente une véritable plaie, une tache, dans l'Histoire. Cependant, c'est à des années-lumière des cinq millions de femmes assassinées par une église masculine, patriarcale, animée d'une rage meurtrière «anti-féministe», tel que le clame le *Code Da Vinci*. Beaucoup de sources historiques séculières, pourtant souvent hostiles à l'Église, citent des chiffres comme 40 000 victimes. De plus, il est important de préciser que 25 % des Européens exécutés pour sorcellerie entre le XIVᵉ et le XVIIIᵉ siècle étaient des hommes[13].

> Aucun évangile gnostique ne contient quelque référence que ce soit à un mariage entre Marie-Madeleine et Jésus !

Nous devons aussi noter que les persécutions étaient en réalité «une entreprise de collaboration entre des hommes et des femmes au niveau local de cités, de villes et de villages[14]». Le professeur Adrian Jones, une sommité dans le domaine de l'Histoire, de l'Inquisition et des Croisades et doyen de la Faculté de Recherche en Études Internationales de Mexico, cite de multiples sources historiques qui démontrent que la plupart des accusations de sorcellerie trouvaient leurs racines dans des conflits entre femmes[15]. Les mots de la Dre Robin Briggs, auteure du livre *Sorcières et voisines, le contexte social et culturel de la chasse aux sorcières en Europe*, confirment cela: «Un grand nombre des accusations étaient portées par des femmes contre d'autres femmes. La chasse aux sorcières était souvent une œuvre terrible d'accusation par les femmes d'un même village conduisant souvent à l'exécution de l'accusée pour des fautes et conflits locaux.»[16]

Le Code Da Vinci : « Un des thèmes les plus troublants revenant constamment dans les évangiles gnostiques est le mariage de Marie-Madeleine et de Jésus-Christ. » (page 244).

Les faits : Absolument aucun des évangiles gnostiques ne contient quelque référence que ce soit à un mariage entre Marie-Madeleine et Jésus! L'évangile de Marie-Madeleine est même complètement silencieux à ce sujet[17]. En décembre 1945, près d'un village égyptien appelé Nag Hammadi, un paysan a trouvé enfoui dans le sol des textes et des manuscrits anciens. Ces documents datant du quatrième siècle comprenaient des écrits religieux, des lettres, des poèmes, des fables et des mythes aux connotations mystiques que certains archéologues ont appelé les « évangiles secrets ». Plusieurs de ces textes sont un mélange de concepts judéo-chrétiens et de mythologies mystiques. Les évangiles gnostiques comprennent : l'évangile de Thomas, de Philippe, l'évangile de vérité, celui des Égyptiens, l'apocalypse de Luc, de Paul, la lettre de Pierre à Philippe ainsi que des compositions ésotériques et mystiques comme par exemple, « le tonnerre et la pensée parfaite » ou « le témoignage de la vérité, de la sagesse et du serpent », etc.[18] Aucun de ces écrits ne fait la moindre mention d'un soi-disant mariage entre Marie-Madeleine et Jésus[19]. Les textes gnostiques fourmillent de bizarreries et offrent un véritable buffet à ceux qui sont friands d'ésotérisme. Ce genre de textes abondait à cette époque[20].

Le Code Da Vinci : « Le nom original de Dieu, l'expression juive JHVH, nom sacré de Dieu, est en fait dérivé de Jéhovah, qui est une union physique androgyne, entre le masculin « Jah » et le nom préhébraïque pour « Ève », « Havas », incluant la dimension féminine de la déité » (page 30).

Les faits : Pardonnez-moi mais Brown n'y est pas du tout! Comme le plus néophyte des étudiants de l'Ancien Testament le sait, entre les noms JEHOVAH et JHVH, c'est JHVH qui est le plus ancien. L'hébreu de l'Ancien Testament ne comportait pas de voyelles.

«Jéhovah» est un mot qui a été composé par les scribes juifs autour des années 1500 à partir des mots JHVH et «Adonaï» (mon Seigneur)[21]. L'union de «JHVH» et de «Adonaï» «qui constitue le mot «Jéhovah» n'a absolument rien à voir avec une quelconque union physique androgyne de quoi que ce soit. Le mot «Havah» (aussi épelé «Chavah») est simplement le mot «Ève» tel que nous le trouvons dans l'hébreu original de l'Ancien Testament. Il vient d'une racine de mot qui signifie «vie». «Havah» n'est donc d'aucune façon une union du féminin avec le mot «Jah» qui n'est pas, comme le *Code Da Vinci* le déclare, un mot «masculin». En fait, le terme «Jah» n'est même pas un mot hébreu. L'hébreu inclut toutefois le mot «Yah», une forme contractée de «YHWH». Dans le Psaume 106 verset 1 par exemple, Hallal Yah signifie «louange au Seigneur» ou «louange à Yah». Peut-être Brown a-t-il «mêlé» les mots «Yah» et «Jah» mais c'est sa déclaration entière à ce sujet qui est pure fabulation[22].

Le Code Da Vinci: «Certains des évangiles que Constantin a essayé de détruire afin d'étouffer le message de la déité féminine et de Marie-Madeleine comme femme de Jésus et seule véritable leader de l'église, ont réussi à survivre. Les manuscrits de la Mer Morte ont été découverts dans les années 1950... et le Vatican continua férocement sa tradition de tromperie, d'écrasement et d'annihilation des véritables évangiles. Ils ont tout essayé afin d'empêcher la publication des manuscrits de la Mer Morte et des évangiles gnostiques de 1945 trouvés à Nag Hammadi qui sont les écrits chrétiens les plus anciens» (pages 234 & 245).

Les faits: La raison pour laquelle Brown cite «les évangiles» des manuscrits de la Mer Morte est un mystère! Les parchemins de la Mer Morte ne contenaient absolument aucun «évangile»! Les experts sont entièrement unanimes là-dessus[23]. Les manuscrits datent d'une période de l'antiquité juive des centaines d'années avant Christ et contiennent, entre autres, des commentaires sur l'Ancien Testament, des textes séculiers, et des portions de livres bibliques juifs de l'Ancien Testament[24]. Le groupe de Juifs mystiques de Qumram, les Esséniens, qui a écrit ou préservé ces parchemins n'avait carrément rien à voir avec Christ ou la période du christianisme. De plus, prétendre que le Vatican ait tenté d'empêcher la parution des trouvailles reliées aux parchemins de la Mer Morte est historiquement entièrement faux et sans aucun fondement. Selon James M. Robinson, directeur de l'Institut pour l'antiquité et du christianisme historique de l'École de maîtrise et de doctorat de Claremont : « Il a fallu attendre 1977 pour la publication des manuscrits en anglais à cause des rivalités entre les écoles de scholastique[25] ».

Les parchemins de la Mer Morte ne contenaient pas un seul « évangile » !

Finalement, il y a une unanimité historique indiquant que les documents trouvés à Nag Hamaddi ne sont catégoriquement pas, comme le *Code Da Vinci* le prétend, « les plus anciens documents chrétiens mais qu'ils sont clairement précédés par plusieurs évangiles reconnus ».[26] Les copies qui y ont été trouvées datent approximativement d'entre 250 et 350 après Jésus-Christ. Les originaux grecs sur lesquels les copies étaient basées ont été composés de 150 à 225 de notre ère. En d'autres mots, ces textes ont été écrits bien après l'évangile de Matthieu (65 à 100 après Jésus-Christ), Marc (40 à 75 après Jésus-Christ), Luc (60 – 80 après Jésus-Christ) ou Jean (90 après Jésus-Christ). C'est une des raisons pour lesquelles ils ont été rejetés par les Pères de l'Église.

Le Code Da Vinci : « L'évangile de Philippe dit que la compagne du Sauveur était Marie-Madeleine. Jésus l'a aimée plus que tous les disciples et avait l'habitude de l'embrasser sur la bouche. Les autres disciples en étaient offensés et désapprouvaient cette pratique. Ils lui disaient: Pourquoi l'aimes-tu elle plus que nous? Comme tous les experts en araméen vous le diront, le mot "compagne" à cette époque voulait littéralement dire "épouse"» (page 246).

Les faits: Pour commencer, l'évangile de Philippe n'a jamais été écrit en araméen mais en langue copte qui est une forme d'égyptien antique. Il s'agit même de la traduction d'un texte plus ancien, en grec et non en araméen. Par ailleurs, le professeur d'hébreu et de langages de l'Antiquité, le docteur Craig Bloomberg du *Denver Seminary*, nous assure qu'«aucun mot araméen ou même hébreu pour "compagne" ne pouvait signifier "épouse"!»[27] Le docteur Erwin Lutzer ajoute que «le document de Philippe date approximativement du troisième siècle, soit deux cents ans après le temps de Christ. Il est loin d'être un témoin oculaire!» De plus, de nombreux experts vous diront que la qualité du papyrus était tellement médiocre que plusieurs mots sont manquants. Le texte dit simplement: «Jésus l'embrassait souvent...» et plusieurs ajoutent des mots comme «sur le front, sur la joue, sur la main ou sur la bouche». En résumé, Brown se base sur un texte mystique bizarre et incomplet, écrit des centaines d'années après l'époque de Christ et dont la fiabilité était complètement contestée à l'époque même de son écriture[28].

Le Code Da Vinci: «Langdon déclare qu'un chevalier médiéval a commandé aux Chevaliers de Templar pendant la période du Moyen Âge de récupérer les documents du Saint-Graal qui se trouvaient sous le temple de Salomon» (page 258).

Les faits: Cela aurait été quelque chose d'incroyable, car le temple de Salomon a été détruit en 586 avant Jésus-Christ[29]!

Le Code Da Vinci: Teabing déclare: «Le mot "hérétique" est dérivé et trouve son origine dans l'Histoire, 325 ans après Jésus-Christ, à l'époque de Constantin, et a été utilisé pour condamner tous ceux qui, depuis des siècles, ne considéraient pas Jésus comme le Fils de Dieu. C'est le comité religieux et politique en place sous Constantin qui, après un vote relativement serré, déclara que Jésus serait dorénavant considéré "Fils de Dieu"» (pages 233 et 234).

Les faits: Bien que nous traiterons des sujets de Constantin et de Jésus, Fils de Dieu, un peu plus en détail dans un prochain chapitre, permettez-moi au moins d'apporter ici quelques précisions. Les auteurs du Nouveau Testament utilisaient le terme «hérétique» déjà des centaines d'années auparavant! (II Pierre 2.1 & Tite 3.10). Plusieurs livres d'enseignement chrétiens étaient déjà écrits au IIe siècle, plus de 125 ans avant Constantin, avertissant des faussetés et des dangers des hérétiques. Irénée, écrivain chrétien du IIe siècle, avait déjà écrit à son époque une «brique» de près de mille pages intitulée «Contre les hérésies[30]!». Le vote du concile de Nicée à l'époque de Constantin ne visait pas à imposer l'idée nouvelle que Jésus était le Fils de Dieu comme le prétend le *Code Da Vinci*. Les paroles de Christ, les Actes des Apôtres, le témoignage des chrétiens de l'Église primitive, les évangiles reconnus ainsi que les pères de l'Église proclamaient résolument et unanimement la divinité de Christ depuis le commencement; et cela s'est perpétué à travers les siècles jusqu'à, et bien après, Constantin ou le concile de Nicée[31]. Le grand débat théologique du concile de Nicée était plutôt «jusqu'à quel point s'étend la divinité de Jésus, Fils de Dieu?» L'écrasante majorité des évêques affirmaient que Jésus était éternel et non créé parce qu'il est une partie de la Trinité éternelle. Un dissident du nom d'Arius proposait la théorie doctrinale que Jésus était le «premier être créé». Aucun théologien de l'époque ne considérait Jésus comme un simple prophète tel que le *Code Da Vinci* le certifie. C'est historiquement et entièrement faux[32]. Vous souvenez-vous comment Brown prétend que le vote avait été «relativement serré»? En réalité il a été de 300 contre 2[33]! A l'époque, les théologiens et pères de la foi ont réaffirmé ce qui avait toujours été et est encore aujourd'hui la position de l'Église chrétienne : Jésus est le Fils de Dieu ressuscité !

La véritable origine du Prieuré de Sion

Nous venons de parcourir ensemble quelques mètres du marathon de l'erreur du *Code Da Vinci*. C'est pourquoi la communauté universitaire internationale est implacable dans sa critique de l'aspect historique ou factuel de ce livre. Professeure d'Histoire et auteure réputée, la docteure Sandra Miesel dit que « *Le Code Da Vinci* est tellement bourré d'erreurs que le lecteur éduqué applaudit lorsque Brown trébuche malgré lui sur une vérité ! »[34] Le docteur Richard Abanes, auteur d'une douzaine de livres et récipiendaire en 1997 du *Myers Award* pour son étude des droits de l'homme en Amérique du Nord renchérit : « *Le Code Da Vinci* comporte une multitude d'erreurs historiques couvrant une grande variété de sujets : l'architecture d'églises célèbres, le symbolisme religieux, l'empire romain, l'Israël ancien, l'histoire et l'interprétation des grandes mouvances et systèmes de foi mondiaux, etc. À chaque tournant, les supposés "faits" du *Code Da Vinci* sont contredits par des informations facilement accessibles à toute personne faisant une investigation sincère et raisonnable. »[35]

La litanie d'erreurs grossières commises par Dan Brown est un point crucial parce que ses multiples déclarations-choc sur Christ, l'Église, la Bible et les évènements de l'Histoire reposent sur sa crédibilité en tant que pédagogue et interprète des différents évènements et personnages de l'histoire religieuse. En d'autres mots, si nous ne pouvons absolument pas lui faire confiance dans ses déclarations et explications des faits les plus simples et vérifiables de l'Histoire, comment et surtout pourquoi porter attention, ou accorder une quelconque crédibilité, à ces gigantesques accusations qui nous demandent d'ignorer 2 000 ans de culture et d'Histoire ?

Permettez-moi de vous donner un autre exemple qui, celui-là, est une véritable pierre angulaire du récit du *Code Da Vinci*. La première page du best-seller débute avec ces mots : « *Les faits* : La Société du Prieuré de Sion a été fondée en 1099 après la première Croisade. On a découvert en 1975, à la Bibliothèque Nationale, des parchemins connus sous le nom de

Derniers Secrets où figurent les noms de certains membres du Prieuré parmi lesquels on trouve Sir Isaac Newton, Botticelli, Victor Hugo et Léonard de Vinci. »[36]

Le livre de Brown, au complet, repose là-dessus. Il renferme des centaines de citations au sujet du Prieuré de Sion. Son héros, Robert Langdon, déclare à ce propos « en fait, c'est une des plus vénérables et plus anciennes sociétés secrètes sur terre » (page 113). *Le Code Da Vinci* clame bien haut que cette société sophistiquée qui a plus de mille ans d'existence est la grande protectrice des secrets et scandales qui sont maintenant gobés comme des révélations saisissantes par des millions de lecteurs. Brown débute son roman en garantissant sa version des « faits ». Mais voici la réalité, qui est irréfutable et sans appel. Des milliers de pages sur Internet le prouvent. Les copies des documents légaux sur ce que je m'apprête à vous dire font partie du domaine public et sont disponibles sur Internet, ainsi que dans plusieurs ouvrages. Êtes-vous prêts ?

Le Prieuré de Sion n'a absolument rien d'une société secrète millénaire, mais a plutôt été entièrement inventé en 1956 par Pierre Plantard à Annemasse en Haute-Savoie. La journaliste française, Marie-France Etchegoin, s'est penchée, pour la revue *Le Nouvel Observateur*, sur la personnalité de l'instigateur du Prieuré de Sion. Le portrait dressé n'est guère flatteur mais très révélateur.

Le Prieuré de Sion n'a rien d'une société secrète millénaire, mais a plutôt été entièrement inventé en 1956 par Pierre Plantard à Annemasse en Haute-Savoie

Pendant l'Occupation, Pierre Plantard se fit remarquer par la violence de son discours antisémite. Il fut emprisonné plusieurs fois pour fraude[37]. A chaque fois, il plaida coupable ! Par ailleurs, selon l'auteur Jean-Jacques Bedu et plusieurs autres sources, il aurait été trouvé coupable en 1957 de détournement de mineur, délit pour lequel il purgea une peine d'un an[38].

A propos du Prieuré de Sion, la BBC, une chaîne anglaise d'informations très réputée, fit une série de documentaires en 1996 sur Pierre Plantard et André Bonhomme, son comparse dans la fondation du Prieuré. Ces émissions exposèrent en détail toutes leurs fumisteries.

Dès 1956, Plantard falsifia à maintes reprises des parchemins qu'il introduisit dans la Bibliothèque Nationale afin de donner une allure d'authenticité à sa «création». Par la suite, il fut condamné à six mois de prison par la cour de Saint-Julien-en-Genevois pour fraude, falsification de documents et abus de confiance[39]. Les dossiers de la cour sont à la disposition de tous.

En 1971, Plantard admit publiquement que tous les documents sur le Prieuré de Sion étaient le fruit de son imagination excentrique, et que le groupuscule s'était tout simplement donné le nom d'une montagne près de chez lui[40]. Il reconnut sous serment devant la justice avoir fabriqué et introduit illégalement tous ces faux dans les archives des bibliothèques. Certains d'entre eux le proclamaient carrément le seul véritable roi de France ou l'unique descendant du roi Dagobert[41]!

En 1989, il récidiva et réinventa le Prieuré de Sion, qui aurait maintenant été fondé en 1681 avec une nouvelle liste de Grands Maîtres[42]. Suite à cela, Plantard fit face à nouveau à la justice en 2003 et il avoua encore une fois toutes ses supercheries.

La sordide et burlesque histoire du Prieuré de Sion est truffée de fraudes et de documents fabriqués de toutes pièces de 1956 à aujourd'hui[43]. Dans une lettre officielle écrite à la BBC, André Bonhomme, cofondateur du Prieuré de Sion a fait cette déclaration sans équivoque: «Le Prieuré de Sion a été créé en 1956 et il n'existe plus maintenant. Nous n'avons jamais été impliqués dans des activités politiques ou religieuses. Nous voulions seulement nous amuser! Je n'ai pas vu Plantard depuis longtemps, mais je peux vous dire que son imagination a toujours été très active! Je ne sais pas pourquoi les gens essaient de faire une grosse affaire avec rien.»[44]

Mais c'est en s'appuyant sur les élucubrations de Plantard qu'Henry Lincoln et Michael Baigent ont publié en 1982 le livre *Holy Blood, Holy Grail* (L'Énigme sacrée)[45]. Dan Brown a basé son roman le *Code Da Vinci* sur *Holy Blood, Holy Grail* et la fondation narrative entière de son roman sur le Prieuré de Sion[46]!

Encore une fois, quelqu'un pourrait dire: «Et après? Ce n'est qu'un livre, un film». Alors, imaginez un instant que quelqu'un publie un roman à succès dont l'intrigue dévoilerait une « révélation cachée par l'Église depuis des décennies ». L'auteur vous garantit la véracité et des faits et affirme que Mère Térésa n'était en fait qu'une fraudeuse alcoolique, violente, consumée par l'appât du gain et qu'elle s'est mariée et a eu des enfants en cachette. Ce n'est pas fini. Le « punch » de ce best-seller et du film à succès qu'il inspire, reposerait sur le fait que l'ordre des religieuses qui avaient côtoyé Mère Térésa cachait en fait ce secret depuis le tout début afin de profiter de ses supposées « œuvres de compassion » pour se remplir les poches à craquer. Pire encore, il n'aurait pas hésité pas à engager des tueurs à gages, à coups de millions, pour faire disparaître des témoins gênants qui menaçaient de dévoiler le pot aux roses et le complot qui fait sa fortune !!!

Vous imaginez facilement tous les tollés de protestation indignée que provoqueraient de telles horreurs. C'est pourtant le genre de viol historique qu'a perpétré Dan Brown page après page ! Et des milliers de personnes en viennent à croire un roman mensonger concernant les évangiles plus que les évangiles eux-mêmes !

Alors que nous terminons ce chapitre, j'aimerais confronter simplement, faits historiques à l'appui, une des pensées et « révélations » les plus spectaculaires et intrigantes du Code Da Vinci. À la page 245, nous trouvons ces mots : « Le mariage de Jésus et de Marie-Madeleine fait partie des écrits, parchemins et manuscrits de l'Histoire. » La question que vous devez poser est : « De quelle Histoire parle-t-il ? » Les évangiles écrits par les témoins oculaires, ainsi que les textes les plus « proches de la véritable histoire du Christ ne font pas la moindre suggestion que Jésus ait été marié ou qu'il ait eu une liaison amoureuse. »[47] Les disciples qui ont écrit les Évangiles, les auteurs des épîtres et les historiens juifs de l'époque apportent en tant qu'observateurs et narrateurs « de l'extérieur » une perspective sociale contemporaine des évènements entourant la vie, la mort et la résurrection de Jésus et tous proclament absolument le contraire[48].

Le professeur Ben Witherington III, Ph. D. de l'université de Durham en Angleterre et professeur du Nouveau Testament au séminaire théologique de Wilmore au Kentucky, a consacré sa vie à l'étude du Nouveau Testament. C'est un auteur prolifique dont les écrits comprennent le fameux ouvrage classique, *La femme et la genèse du christianisme*. Son séminaire en doctorat du même nom est enseigné dans des facultés de théologie comme celle de Cambridge, Harvard et Princeton. Il est invité régulièrement à la télévision américaine sur des réseaux comme ABC et CNN. Et il déclare, sans ambages, pouvoir nommer plus d'une centaine d'historiens et théologiens des plus fiables, reconnus et respectés dans le monde, qui enseignent, selon l'Histoire et l'archéologie, qu'il n'y a absolument aucune trace de la moindre indication d'un mariage entre Jésus et Marie-Madeleine[49]. Sur quoi les «preuves» de Dan Brown peuvent-elles donc bien reposer?

Le grand professeur Teabing, l'expert suprême dans le récit de Brown, cite des portions de textes gnostiques et mystiques écrits entre 100 et 300 ans après que l'aient été les véritables évangiles. Ces textes sont mystiques, ésotériques et notoires pour leurs salmigondis pseudo religieux et carrément bizarres. Tout au long du livre, comme un mantra assommant, le professeur Teabing nous cite, comme preuve de la théorie du mariage de Jésus et de Marie-Madeleine, des textes comme «l'évangile de Philippe». Rappelons, juste au passage, que Marie-Madeleine est dans le *Code Da Vinci* la fameuse révélation protégée au fil des siècles par la très honorable organisation du Prieuré de Sion. Elle est en fait, le véritable «Saint-Graal», la représentation de la divinité féminine que l'Église tente d'écraser à tout prix, jusqu'à commettre une série de meurtres! Ledit évangile de Philippe est totalement rejeté et ignoré par les historiens sérieux depuis des siècles. Voici quelques «perles de sagesse» qu'il contient: «Il y a beaucoup d'animaux qui existent dans le monde qui sont de forme humaine.» ou «L'hiver est le monde, l'été est la sphère. C'est mal de prier l'hiver.»[50] ou le classique «Dieu est un teinturier. Le bien teint, la vérité change les couleurs, dissout les choses et se coule en elles. Ainsi pour des choses, Dieu s'est teint. Ses teintures sont impérissables à cause de ses couleurs. Ce que Dieu trempe, il le trempe dans l'eau.»[51]

Je vais vous laisser un peu de temps pour bien digérer toute cette sagesse! Le plus aberrant, c'est que ce texte abstrait et ridicule continue ainsi chapitre après chapitre, changeant brusquement de sujet, débitant des âneries à une fréquence assez hallucinante. Mais il ne parle jamais d'un mariage entre Jésus et Marie-Madeleine[52]. Il y est écrit que «Jésus l'embrassait souvent sur» puis il y a un espace vide dans le texte. Dan Brown, y place le mot «bouche», mais des experts en interprétation suggèrent les mots «visage», «main» ou «joue», comme c'était la coutume de l'époque[53]. L'anecdote écrite plus de 300 ans après les faits par l'incroyable «grand sage» Philippe (pas celui qui avait côtoyé les disciples), ne dit de toute façon rien sur le pseudo mariage de Jésus avec qui que ce soit d'ailleurs. Brown pige aussi allègrement dans des écrits marginaux au féminisme radical pour qui Marie-Madeleine représente la «déité féminine» opposée au despotisme du pouvoir masculin. C'est peut-être une des dimensions et «obsessions» de son livre qui me peine le plus.

Le Code Da Vinci s'acharne à présenter un portrait de l'Église chrétienne résolument, cruellement et violemment anti-femmes. J'aimerais ici faire une distinction importante et essentielle. Tout au long du roman vous trouverez l'expression «l'église». L'auteur écrit comme si l'Église catholique romaine était la seule église chrétienne sur la terre. Il y a en ce début de XXIe siècle plus de 700 millions de chrétiens sur la terre qui ne sont pas catholiques. Le but de ce livre n'est pas d'accuser une portion ou une autre de l'Église chrétienne mondiale, ni d'accorder quelque crédibilité que ce soit aux accusations historiquement ridicules et si souvent sans fondement factuel et historique de Brown à l'égard de l'Église catholique. Je veux simplement souligner qu'il y a une Église chrétienne mondiale, et présente dans toute l'histoire de l'humanité, dont Dan Brown choisit délibérément de cacher l'existence.

Le rôle de la femme dans l'église

Je suis pasteur d'une église chrétienne évangélique à Longueuil, sur la Rive-sud de Montréal. Nous appartenons à un mouvement d'églises qui s'étend à travers le Canada et le monde entier. Au moment où j'écris ces lignes au printemps 2006, il y a plus de trois mille personnes qui fréquentent notre église chaque semaine. Notre théologie, nos positions bibliques et nos pratiques à l'égard de la femme sont claires, publiques, rédemptrices, respectueuses et égalitaires. J'ai fait des études en théologie afin de devenir pasteur et répondre à ce que je considérais comme une vocation, «un appel» pour ma vie et croyez-moi, dans notre mouvement et notre église, la femme a entièrement accès à tous les ministères et aux activités qui y sont rattachées, ainsi qu'aux fonctions de leadership de l'église. Elle peut aspirer à servir Dieu et répondre à sa vocation pleinement et librement.

Dans notre église, comme dans des milliers d'autres, les femmes sont pasteures*, elles enseignent, prêchent la Parole, dirigent des chorales, sont à la tête de ministères et d'organismes humanitaires et communautaires que nous chapeautons. Des femmes siègent sur nos comités d'administration et de gestion, animent la prière et la louange. Elles font partie de tous les comités décisionnels de l'église, enseignent nos enfants, supervisent la gestion de nos bâtiments et œuvrent comme missionnaires, accomplissant un travail remarquable. Nous croyons et enseignons passionnément que cette position représente l'incarnation la plus juste des enseignements de la Bible entière, et du Nouveau Testament en particulier, à l'égard de la femme.

Nous croyons que le cœur de Dieu est révélé dans les Écritures et qu'elles enseignent clairement dans leur ensemble que Dieu prend plaisir à voir une telle position pour la femme dans l'Église. Nous sommes enrichis par toutes les particularités, les qualités, la sensibilité et l'unicité de l'apport féminin à notre vie d'église. Nous soutenons des milliers de femmes démunies de notre ville. Nous visitons des femmes dans des résidences de personnes âgées, dans des pénitenciers et aidons chaque semaine des centaines de mamans monoparentales de notre ville. Une femme de notre église occupe des fonctions pastorales et dirige un magnifique mouvement au service des femmes qui s'appelle «Femmes Chrétiennes Contemporaines».

C'est elle qui a écrit le prochain chapitre de ce livre, «La *misogynie* de l'Église chrétienne selon le *Code Da Vinci*». Elle se nomme Stéphanie Reader. Elle est mariée et mère de deux garçons brillants, vifs et dangereusement actifs! Elle détient un

*nde: Au Québec, l'usage courant est de féminiser les noms de professions : pasteure, docteure, professeure etc. Nous avons respecté cette règle.

doctorat en biochimie. Scientifique de carrière, Stéphanie a consacré plusieurs années de sa vie à l'enseignement en milieu universitaire. C'est aussi une chrétienne engagée qui poursuit des études en théologie et qui donne des conférences à des milliers de femmes aux quatre coins du Québec et de la Francophonie. À la tête d'un mouvement de femmes chrétiennes modernes, intelligentes, dynamiques, engagées, émancipées et épanouies, elle dirige des équipes de femmes qui visitent des hôpitaux pour enfants, préparent des cadeaux de Noël pour des centaines de petits de pays comme Haïti. Elles offrent des repas gastronomiques aux parents d'enfants très malades de nos hôpitaux montréalais. Et elles proposent une multitude de services et divers programmes d'aide aux femmes et familles de notre ville.

Le dictionnaire définit la misogynie comme «la haine ou le mépris (en général masculin) pour les femmes.»[54] La toile de fond du livre de Dan Brown est sordidement évidente et profondément trompeuse. Selon lui et ses personnages, l'Église chrétienne est misogyne. Elle abaisse, méprise et avilit la femme, ne lui laissant aucune place et ne lui accordant aucune valeur véritable. C'est à mon sens un des pires mensonges du *Code Da Vinci*. Je ne nie absolument pas les erreurs et les horreurs commises par une portion de l'Église chrétienne envers la femme au cours de l'Histoire. La femme a été traitée injustement et cruellement par des hommes «portant le nom de Christ». Je le reconnais sans détour. Cela est vrai et laid. Je ne suis également pas d'accord avec la position d'un segment de l'Église chrétienne mondiale qui prône une limitation du rôle de la femme dans sa place, sa position et les possibilités de service et d'implication qu'elle peut avoir au sein de l'Église. Je veux toutefois qu'il soit clair qu'il y a toujours eu et qu'il y a plus que jamais, aujourd'hui dans le monde, une Église chrétienne qui est aux antipodes de cela, totalement opposée à la vision archaïque, funeste et mensongère de l'Église et de la femme promulguée grossièrement dans des livres comme le *Code Da Vinci*.

La femme a été traitée injustement et cruellement par des hommes « portant le nom de Christ ».

Dieu aime, défend et élève la femme, il la valorise et en honore les qualités et l'essence. Il lui donne une place de suprême importance dans son Église et l'appelle à une destinée extraordinaire. Il y a une Église chrétienne moderne qui désire voir la femme prendre la place que Dieu a préparée pour elle. Si ce concept ou cette vision de l'Église et de la femme est nouveau pour vous ou si vous avez des doutes sur ce que je viens d'écrire, écoutez une femme !

La misogynie de l'Église chrétienne selon le Code Da Vinci

> *«Jésus fut le premier féministe de l'Histoire…»*
> Sir Leigh Teabing [1]

«Jesus fut le premier féministe de l'Histoire…» [2] Quelle affirmation fracassante! Bien que le *Code Da Vinci* soit truffé d'énoncés incendiaires et erronés, je suis profondément d'accord avec cette déclaration. Toutefois, ce n'est absolument pas pour les mêmes raisons que Sir Leigh Teabing! Dan Brown dans son *Code Da Vinci* tente de nous convaincre que Jésus a été amoureux d'une femme, Marie-Madeleine, et que de cet amour découlerait le futur de l'Église. Tout ceci est absolument faux, mensonger et extrêmement simpliste. Son amour était bien au-delà d'un amour *«conjugal»*, il était destiné à affranchir tous les êtres humains, y compris les femmes. Jésus a été le premier féministe de l'Histoire parce qu'il a respecté, enseigné, valorisé, élevé, soulagé, pardonné, libéré et redonné aux femmes leur dignité. Jésus les a élevées bien au-dessus de ce que tous ses contemporains n'auraient jamais pu imaginer. Il les a aimées d'une façon dont seul un être divin peut aimer. Bien que l'Histoire témoigne que l'Église s'est trop souvent éloignée de l'exemple de Jésus, il n'en demeure pas moins que celui-ci s'est opposé et a combattu toute forme de misogynie tout au long de sa vie sur cette terre.

À la lecture de ces quelques lignes, vous vous dites probablement (c'est mon intuition féminine qui me le dit!): «Voilà la féministe de service!» Avant d'aller plus loin, j'aimerais préciser que mon intention n'est en aucun cas de faire le procès de l'Église ou d'encenser à tous vents le mouvement féministe. Néanmoins, à l'origine, le mouvement féministe a fait grandement avancer la cause de la femme qui, il faut bien l'avouer, accusait un certain retard. Ce mouvement a permis d'étendre les droits et le rôle de la femme dans la société. Il ne faut pas oublier qu'il n'y a pas si longtemps de cela, le code Napoléon de 1804 classait les femmes dans la même catégorie que les criminels, les malades mentaux et les enfants, et déclarait aussi leur incapacité juridique (*persona non grata*)[3]. Ce n'est qu'en 1909 que le port du pantalon par la femme n'a plus été considéré comme un délit, mais seulement dans le cas où la femme tenait un guidon ou montait à cheval au Canada. Rappelez-vous, que les femmes ont voté pour la première fois en 1945, cela fait seulement soixante ans, et que la loi canadienne, jusqu'en 1983, ne considérait pas les agressions sexuelles contre elles comme un crime[4].

Dans le *Code Da Vinci*, Dan Brown se plaît à dénoncer le mépris de l'Église envers les femmes. Il faut reconnaître qu'au cours des siècles, l'Église (et aussi la société!) n'a pas accordé beaucoup de place à la femme. C'est déplorable, mais il faut tout de même l'avouer, l'Église a pitoyablement dévalorisé le genre féminin au cours de son histoire. Cependant, il est impératif de faire une distinction entre l'attitude de l'Église face aux femmes et les intentions de Dieu pour la femme. Bien que l'Église aurait dû justement permettre l'expression des intentions de Dieu, il s'avère qu'un fossé s'est creusé entre le désir de Dieu et les coutumes de l'Église. Avant même d'aborder le problème de la misogynie de l'Église, il faut premièrement regarder quel était le comportement de Jésus envers la femme et l'enseignement qu'il prônait à son égard. La conduite de Jésus devrait être le modèle et l'inspiration ultime de l'Église. Tout au long de ce chapitre, nous découvrirons à quel point Jésus a été révolutionnaire, tant dans ses relations avec les femmes, que dans son enseignement. Nous examinerons aussi de quelle façon l'Église du Ier siècle (ou la première Église) est restée fidèle à l'esprit de Jésus. Finalement, nous verrons pourquoi une Église à l'image de Jésus est totalement aux antipodes d'une Église misogyne. Êtes-vous prêts? Allons-y!

1. Jésus à la défense de la femme

Le contexte socioculturel

Afin d'apprécier totalement la position de Jésus vis-à-vis de la femme, il faut s'arrêter quelques instants pour saisir quels étaient l'arrière-plan et la situation de la femme dans la société juive et gréco-romaine durant cette période de l'Histoire. Bien avant l'arrivée du christianisme, la société influencée par les grands penseurs de l'époque n'avait aucune considération pour les femmes. Laissez-moi vous rapporter certaines citations tout à fait abjectes, prononcées par de grands philosophes grecs : «Trois choses sont à craindre par-dessus tout : le feu, l'eau et une femme»[5], disait au VIe siècle avant J.C. Pythagore (le créateur du célèbre théorème, vous vous rappelez, dans un triangle rectangle, le carré de l'hypoténuse est égal à la somme des carrés des deux autres côtés !!!). Platon au Ve siècle avant J.C. plaint l'homme qui doit se réincarner dans le corps d'une femme. Selon Aristote au IVe siècle avant J.C., «les femmes sont des hommes imparfaits et toutes sont sans valeur. Elles n'ont été créées que pour la commodité des hommes».[6] Au Ier siècle, le philosophe stoïcien Sénèque disait : «Une femme et l'ignorance sont les deux plus grandes catastrophes dans le monde[7]».

Il est clair que dans le monde grec, la femme n'était guère valorisée. En Grèce, les femmes avaient un double rôle : donner naissance à des fils en bonne santé (les épouses) et devenir des instruments de plaisir (les courtisanes)[8]. Le théologien et historien E. Léonard, explique que «la femme était pratiquement vendue comme une esclave à son mari, bien qu'elle gardât un contrôle partiel sur sa dot. Elle n'avait généralement pas d'éducation, sauf pour ses tâches ménagères, et ne prenait aucune part à la vie politique; elle était considérée comme une propriété, qu'elle soit épouse, hétaïre (c'est-à-dire courtisane d'un niveau social assez élevé) ou esclave.»[9] La société juive n'avait pas plus de considération pour les femmes. Selon l'auteur et théologien Alfred Kuen, au Ier siècle de notre ère, la femme juive ne participait pas à la vie publique. Dans la rue, on ne la saluait pas, on ne lui parlait pas. Les droits et les devoirs religieux de la femme étaient très limités, elle n'apprenait pas la Loi (la Torah)[10]. C'est dans ce contexte socioculturel que Jésus a exercé son influence.

Dans une société extrêmement *misogyne* et hermétique aux femmes, Jésus a marché à contre-courant et a choqué plusieurs de ses contemporains à cause de son comportement vis-à-vis des femmes. Permettez-moi de vous raconter un récit qui se trouve dans l'Évangile de Luc au chapitre 8, versets 41 à 48. Ce texte est l'un de mes préférés. Il renferme en quelques lignes tout le respect et l'amour que Jésus avait pour les femmes. L'histoire se déroule comme suit :

> *Et voici, il vint un homme, nommé Jaïrus, qui était chef de la synagogue. Il se jeta aux pieds de Jésus, et le supplia d'entrer dans sa maison, parce qu'il avait une fille unique d'environ douze ans qui se mourait. Pendant que Jésus y allait, il était pressé par la foule.* **Or, il y avait une femme atteinte d'une perte de sang depuis douze ans, et qui avait dépensé tout son bien pour les médecins, sans qu'aucun n'ait pu la guérir. Elle s'approcha par derrière, et toucha le bord du vêtement de Jésus. Au** *même instant, la perte de sang s'arrêta. Et Jésus dit : Qui m'a touché ? Comme tous s'en défendaient, Pierre et ceux qui étaient avec lui dirent : Maître, la foule t'entoure et te presse, et tu dis : Qui m'a touché ? Mais Jésus répondit : Quelqu'un m'a touché, car j'ai connu qu'une force était sortie de moi.* **La femme, se voyant découverte, vint toute tremblante se jeter à ses pieds, et déclara devant tout le peuple pourquoi elle l'avait touché, et comment elle avait été guérie à l'instant.** *Jésus lui dit : Ma fille, ta foi t'a sauvée ; va en paix.*

Ce qui est frappant dans cette vignette des Écritures, c'est l'ordre dans lequel se déroulent les événements mais aussi les protagonistes qui interviennent. Essayez d'imaginer la scène. Jaïrus est membre du conseil des anciens d'une synagogue et un homme manifestement aisé. Cet homme riche, religieux, occupant une position privilégiée et reconnue dans la société de l'époque, dans sa détresse, s'humilie et réclame l'aide de Jésus pour sa fille qui est mourante. Au même instant, une femme atteinte d'une hémorragie, considérée comme impure selon la Loi, fait son apparition. Cette femme honteuse et pleinement consciente de son état, arrive incognito par derrière et, dans un geste désespéré, touche Jésus. Pouvez-vous vous imaginer son choc lorsque Jésus s'arrête et dit : *« Qui m'a touché ! »* Il y a eu certainement un long moment de silence, comme si la terre s'arrêtait de tourner pendant quelques instants. Pauvre femme, son cœur s'est probablement mis à battre la chamade. Le texte nous dit que *la femme, se **voyant découverte**, vint toute **tremblante** se jeter à ses pieds, et **déclara devant tout le peuple** pourquoi elle l'avait touché.* Effrayée et même terrifiée, cette femme avoue son geste devant la foule. À

Dans une société extrêmement misogyne et hermétique aux femmes, Jésus a marché à contre-courant.

la lumière des coutumes de l'époque, elle savait que dès qu'elle avouerait sa faute, elle serait automatiquement mise à l'écart et jetée hors de la ville (comme une lépreuse). De plus, selon la Loi, cette femme impure, en touchant Jésus par ce simple contact, le rendait impur lui aussi ; il serait mis à l'écart jusqu'au soir. C'est pour ces raisons qu'elle est toute tremblante et dans la crainte. Comment vous seriez-vous sentis à sa place ? Comment auriez-vous réagi à la place de Jésus ?

À ce moment, Jésus fait face à deux situations et deux choix : soit aller chez Jaïrus, homme riche, religieux et reconnu pour guérir sa fille, soit guérir une pauvre femme considérée impure selon la Loi. La situation est critique et urgente, car le texte mentionné ci-haut nous indique que la fille de Jaïrus est mourante. Si nous transposions cette histoire au XXIe siècle beaucoup d'entre nous favoriseraient l'ordre établi au lieu de s'associer à quelqu'un qui nuit à notre image et notre réputation ! Or, Jésus agit de façon tout à fait désarmante ! Il fait fi de la loi et des coutumes et il dit simplement à cette femme : *« Ma fille, ta foi t'a sauvée ; va en paix. »* D'autres versions de ce texte traduisent l'expression *« Ma fille »* par *« Mon enfant »*, un terme extrêmement affectueux, utilisé lorsqu'un père parle à son fils ou sa fille. Par ces paroles, Jésus redonne à cette femme la santé et change sa destinée à jamais. Il ne la rejette pas, il ne l'exclut pas, au contraire, il lui redonne sa dignité et la rétablit dans sa communauté. Quelle histoire merveilleuse ! Et puis, ne vous inquiétez pas pour la fille de Jaïrus, elle aussi a été guérie.

L'un des textes les plus connus de Nouveau Testament est probablement le passage relatant la rencontre au puits de Jésus et de la Samaritaine. Cet épisode met, une fois de plus, en évidence à quel point Jésus se différenciait des hommes de son temps, d'une façon hors de l'ordinaire, dans son comportement vis-à-vis des femmes. Cette histoire se trouve dans l'Évangile de Jean au chapitre 4, versets 6 à 27. Peut-être avez-vous oublié ce récit ou même ne l'avez jamais lu ? Laissez-moi vous le remémorer ou vous le présenter.

> *Jésus, fatigué du voyage, était assis au bord du puits. (...) Une femme de Samarie vint puiser de l'eau. Jésus lui dit : Donne-moi à boire, car ses disciples étaient allés à la ville pour acheter des vivres. La femme samaritaine lui dit : Comment toi, qui es juif, me demandes-tu à boire, à moi qui suis une femme samaritaine ? — Les Juifs, en effet, n'ont pas de relations avec les Samaritains. — Jésus lui répondit : Si tu connaissais le don de Dieu et qui est celui qui te dit : Donne-moi à boire ! Tu lui aurais toi-même demandé à boire, et il t'aurait donné de l'eau vive. Seigneur, lui dit la femme, tu n'as rien pour puiser, et le puits est profond ; d'où aurais-tu donc cette eau vive ? (...) Jésus lui répondit : Quiconque boit de cette eau aura encore soif ; mais celui qui boira de l'eau que je lui donnerai n'aura jamais soif, et l'eau que je lui donnerai deviendra en lui une source d'eau qui jaillira jusque dans la vie éternelle. La femme lui dit : Seigneur, donne-moi cette eau, afin que je n'aie plus soif, et que je ne vienne plus puiser ici. Va, lui dit Jésus, appelle ton mari, et viens ici. La femme répondit : Je n'ai point de mari. Jésus lui dit : **Tu as eu raison de dire : Je n'ai point de mari. Car tu as eu cinq maris, et celui que tu as maintenant n'est pas ton mari.** En cela tu as dit vrai. Seigneur, lui dit la femme, je vois que tu es prophète. Nos pères ont adoré sur cette montagne ; et vous dites, vous, que le lieu où il faut adorer est à Jérusalem. (...) Je sais que le Messie doit venir (celui qu'on appelle Christ) ; quand il sera venu, il nous annoncera toutes choses. **Jésus lui dit : Je le suis, moi qui te parle.** Là-dessus arrivèrent ses disciples, **qui furent étonnés de ce qu'il parlait avec une femme.***

Dans ce simple passage, on remarque que Jésus enfreint trois règles fondamentales de l'époque. Premièrement, il s'arrête au bord d'un puits et parle avec une femme, ce qui surprendra même ses disciples. Souvenez-vous qu'à ce moment-là les femmes n'étaient même pas saluées dans les rues, alors il est facile de concevoir qu'on ne s'arrêtait pas non plus pour leur parler. Deuxièmement, non seulement c'est une femme mais elle est aussi samaritaine. Dans le contexte socioculturel de l'époque, les Juifs n'avaient aucune relation avec les Samaritains (et surtout pas avec les Samaritaines!). La plupart des Juifs refusaient de s'unir à eux sur le plan social et sur le plan religieux parce qu'ils ne les considéraient pas de pure race juive et parce que les Samaritains pratiquaient une religion mixte[11]. Cette répugnance pouvait aller jusqu'au mépris. Finalement, en plus d'être femme et samaritaine, cette dernière était adultère et considérée comme une femme de mauvaise vie. Tous les hommes juifs de cette époque l'auraient traitée comme une moins que rien, un être inférieur, une non-juive, une vulgaire pécheresse et l'auraient méprisée.

Cependant, lorsque Jésus l'aperçoit, il fait abstraction du fait qu'elle soit une femme, de son statut social et de sa condition. Il se préoccupe de son besoin. Il s'intéresse à qui *elle* est et à ce qu'*elle* vit. Au lieu d'utiliser cette femme pour répondre à son propre besoin immédiat, c'est-à-dire étancher sa soif, c'est lui au contraire qui lui offre d'étancher sa soif spirituelle. Il se révèle à elle comme celui qui donne l'eau vive, comme étant le Messie. Il la considère tellement qu'il poursuit sa conversation et l'enseigne sur les choses à venir. Contrairement aux rabbins de l'époque, Jésus reconnaît à cette femme (et à travers elle à toutes les autres) le droit et l'accès à la connaissance théologique. Ce passage met en relief à quel point Jésus était un homme hors de l'ordinaire. Son attitude révèle sa préoccupation, son respect et sa profonde affection pour le genre féminin sans tenir compte de la nationalité ou du statut social de la personne.

En tant que femme, ce qui me choque et me déçoit dans le *Code Da Vinci*, c'est que l'auteur nous dépeint un Jésus qui aime Marie-Madeleine d'une façon conjugale, et le fruit de cette relation l'incite à lui confier le futur de l'Église! Cette perception est complètement fausse, réductrice, dérangeante et tellement limitative. À la lumière des deux récits bibliques que nous venons d'examiner (et il en existe plusieurs autres), il est évident que Jésus ne s'est pas intéressé uniquement à Marie-Madeleine. Bien au contraire, il en ressort clairement que Jésus est venu affranchir et aimer toutes les femmes quelles que soient leurs conditions. Jésus a côtoyé plusieurs femmes durant son passage sur la terre mais ses intentions et ses sentiments étaient fort différents de ceux annoncés par Dan Brown. L'amour qu'il a porté aux femmes est bien loin de celui que nous pouvons concevoir ou même imaginer. De par sa nature divine, l'amour de Jésus pour les femmes transcende les désirs et les passions qui sont propres à l'être humain. C'est un amour inconditionnel, libérateur, qui n'est pas enraciné dans l'égocentrisme. C'est un amour que seul un être divin peut donner, un amour qui peut guérir le cœur, l'âme et l'esprit, et cet amour est disponible pour toutes les femmes!

2. Les femmes dans l'enseignement de Jésus...

Tout au long de sa vie, Jésus a été remarquable et a fait preuve d'une ouverture et d'un niveau d'acceptation des femmes hors du commun. Les Évangiles mentionnent qu'une quinzaine de femmes ont été guéries, enseignées, relevées et défendues par Jésus. Nous trouvons également plus de quarante passages qui font référence à la femme dans des récits, des images ou des paraboles. Cependant, il serait complètement erroné et extrêmement réductionniste de penser que Jésus considérait les femmes uniquement comme de pauvres êtres sans défense et qu'il avait pour mission de les protéger et de les élever aux yeux de la société. Jésus ne s'est pas uniquement positionné en défenseur des femmes, mais il leur a aussi donné un nouveau statut. Le regard qu'il posait sur elles n'était pas un regard de pitié, mais il voyait en elles le même potentiel que dans les hommes. Ses enseignements nous le démontrent sans équivoque.

Par exemple, l'Évangile de Luc au chapitre 10, versets 38 à 40, nous relate une histoire qui paraît tout à fait anodine au premier abord.

*Comme Jésus était en chemin avec ses disciples, il entra dans un village, et une femme, nommée Marthe, le reçut dans sa maison. Elle avait une sœur, nommée **Marie, qui,***

> *s'étant assise aux pieds du Seigneur, écoutait sa parole.*
> *Marthe, occupée à divers soins domestiques, survint et dit :*
> *Seigneur, cela ne te fait-il rien que ma sœur me laisse seule*
> *pour servir ? Dis-lui donc de m'aider. Le Seigneur lui*
> *répondit : Marthe, Marthe, tu t'inquiètes et tu t'agites*
> *pour beaucoup de choses. Une seule chose est nécessaire.*
> *Marie a choisi la bonne part, qui ne lui sera point ôtée.*

Ce simple récit renverse encore une fois toutes les mentalités de l'époque. Tout le monde sans exception aurait été d'accord avec Marthe quant au comportement de Marie. Marthe représente tout à fait le type de femme de son temps. Elle s'acquitte des tâches domestiques, sert les hommes qui sont dans sa maison et ne prend pas part aux discussions. C'est la femme parfaite du Ier siècle. Cependant, Jésus ne semble pas partager cette opinion et amène Marthe à voir les choses différemment. Pour saisir l'importance et la portée des paroles de Jésus, il faut encore une fois se replonger dans le contexte de l'époque et comprendre que, selon la société, l'attitude de Marie n'est pas répréhensible uniquement parce qu'elle n'aide pas sa sœur à s'acquitter des soins domestiques, mais principalement parce que *Marie était assise aux pieds de Jésus et écoutait sa parole.* L'expression « *être assis aux pieds de quelqu'un* » est une expression équivalente à « *être disciple d'un Maître* »[12] et recevoir son enseignement. Ce qui est tout à fait remarquable et exceptionnel dans cette histoire c'est que Jésus, en interpellant Marthe sur son comportement et en louant celui de Marie, révèle aux femmes que leur rôle et leur destinée ne sont pas réduits à s'acquitter des tâches domestiques, mais il leur annonce qu'une ère nouvelle s'offre à elles. Il leur fait voir des possibilités qui leur étaient jusqu'à ce jour refusées. Il leur ouvre une porte qui leur était complètement fermée : le droit et l'accès à la connaissance ! La connaissance n'est peut-être pas pouvoir, mais elle est liberté…[13]

Un autre point à noter, de l'enseignement de Jésus, c'est la façon dont il communique ses desseins. Contrairement aux scribes et aux pharisiens, Jésus inclut des femmes dans ses illustrations et ses paraboles. Le théologien Alfred Kuen pousse cette idée encore plus loin : « Non seulement il parle de femmes et les met en scène dans ses paraboles, mais ce sont souvent elles qui ont le beau rôle lorsqu'elles apparaissent en parallèle avec des hommes.»[14] Laissez-moi vous illustrer ces propos par ce récit tiré de l'Évangile de Luc au chapitre 7, versets 37 à 47 :

> *Et voici, **une femme pécheresse** qui se trouvait dans la ville, ayant su qu'il était à table dans la maison du pharisien[15], apporta un vase d'albâtre plein de parfum, et se tint derrière, aux pieds de Jésus. Elle pleurait; et bientôt elle lui mouilla les pieds de ses larmes, puis les essuya avec ses cheveux, les baisa, et les oignit de parfum. Simon, le pharisien qui l'avait invité, voyant cela, se dit en lui-même : **Si cet homme était prophète, il connaîtrait qui et de quelle espèce est la femme qui le touche, il connaîtrait que c'est une pécheresse** (...). Se tournant vers la femme, Jésus dit à Simon : Vois-tu cette femme? **Je suis entré dans ta maison, et tu ne m'as point donné d'eau pour laver mes pieds; mais elle, elle les a mouillés de ses larmes, et les a essuyés avec ses cheveux. Tu ne m'as point donné de baiser; mais elle, depuis que je suis entré, elle n'a point cessé de me baiser les pieds. Tu n'as point versé d'huile sur ma tête; mais elle, elle a versé du parfum sur mes pieds.** C'est pourquoi, je te le dis, ses nombreux péchés ont été pardonnés : car elle a beaucoup aimé. Mais celui à qui on pardonne peu aime peu.*

Une autre facette de l'enseignement de Jésus, qui est tout aussi fascinante, est la pertinence des illustrations qu'il choisit lorsqu'il parle aux foules. À maintes reprises dans les Évangiles, on le voit illustrer ses idées en décrivant des scènes de la vie quotidienne des hommes de son temps... mais aussi de celle des femmes. En voici des exemples frappants :

> *Jésus leur proposa une autre parabole, et il dit : Le royaume des cieux est semblable à un grain de sénevé qu'un **homme** a pris et semé dans son champ. C'est la plus petite de toutes les semences; mais, quand il a poussé, il est plus grand que les légumes et devient un arbre, de sorte que les oiseaux du ciel viennent habiter dans ses branches. (Matthieu 13.31-32)*

> *Il leur dit cette autre parabole : Le royaume des cieux est semblable à du levain qu'une **femme** a pris et mis dans trois mesures de farine, jusqu'à ce que la pâte soit toute levée. (Matthieu 13.33)*

Vous vous dites probablement que c'est tout à fait normal que Jésus, en tant que bon pédagogue, utilise des scènes issues de la vie quotidienne des gens pour qu'ils comprennent et assimilent son message. Mais permettez-moi de pousser la réflexion un tout petit peu plus loin pour vous montrer combien cela met davantage en valeur toute l'importance qu'il accordait aux femmes. Dans un contexte socioculturel et religieux où la femme n'a pas le droit d'apprendre la Loi (Torah), où elle est un membre désavantagé de la société, négligé et dont la personnalité est étouffée, Jésus enseigne et interpelle les gens en utilisant des exemples de leur quotidien et en y ajoutant des situations typiques de la vie des femmes de son époque. Lorsque Jésus dit : « *Le royaume des cieux est semblable à du levain qu'une femme a pris et mis dans trois mesures de farine, jusqu'à ce que la pâte soit toute levée...* », il s'adresse directement aux femmes et utilise délibérément une illustration qui leur est propre, pour qu'elles comprennent son enseignement. Faire la cuisine, pétrir la pâte étaient des tâches dont elles s'acquittaient constamment. Donc, par cette parabole toute simple, Jésus leur annonce que le Royaume des cieux n'est pas uniquement réservé aux hommes, mais qu'elles aussi peuvent y prendre part. WOW! C'était tout à fait révolutionnaire! Jésus, misogyne? Personnellement, je ne le pense pas et l'enseignement des Évangiles prouve le contraire!

3. Portrait biblique de la femme

Tout au long de son roman, Dan Brown murmure tout bas, et proclame parfois à voix haute, que l'Église est contre la femme et que ses dirigeants ne veulent pas d'elle dans leurs rangs. Pourtant, lorsqu'on compare la place qu'occupait la femme dans la première Église à celle qui lui était réservée dans la culture de l'époque, on constate que le christianisme est venu faire évoluer sa condition et sa position. Cette dernière déclaration vous semble peut-être exagérée, peut-être même qu'elle vous surprend. Permettez-moi de vous en faire la démonstration.

Les femmes en position de leadership dans l'Ancien Testament...

À travers les âges, Dieu a utilisé des hommes pour accomplir ses desseins, mais aussi des femmes! Bien avant l'arrivée du christianisme et la fondation de l'Église, Dieu se servait des

75

> Lorsqu'on compare la place qu'occupait la femme dans la première Église à celle qui lui était réservée dans la culture de l'époque, on constate que le christianisme est venu faire évoluer sa condition et sa position.

femmes de façon tout à fait extraordinaire. Vous vous souvenez certainement de l'histoire de Moïse mais probablement pas de celle de Myriam, sa soeur. Pourtant c'est elle qui, à peine âgée de 12 ans, surveilla Moïse alors qu'il était un poupon placé dans une corbeille afin d'échapper à l'édit de mort émis par Pharaon. Ce geste, très risqué, révélait déjà le courage de Myriam malgré son jeune âge. Grâce à cet acte de bravoure, Moïse eut la vie sauve et put devenir plus tard le libérateur du peuple d'Israël. Myriam occupa également une position-clé au sein même de son peuple. C'était une *leader spirituelle* reconnue et elle avait été aussi choisie par Dieu pour proclamer le message de Dieu[16]. Une telle position était honorée de tous. Il y eut aussi, Hulda, qui fut élevée au même rang[17].

D'autres femmes marquèrent l'Histoire. De par leur position et leur influence elles sauvèrent leur pays. Débora, juge en Israël, était l'une d'elles. Le peuple venait la consulter pour qu'elle règle les différends[18]. Lorsqu'Israël fut sous l'oppression, elle accompagna le commandant israélite Baraq à la bataille. Parmi les femmes d'influence on retrouve aussi la reine Esther. Reconnue pour sa grande beauté, elle était avant tout une personne d'impact et d'audace. Poussée par la menace de mort qui planait sur son peuple, elle défia la loi pour dénoncer un ignoble complot, trouver grâce auprès du roi et amener la délivrance aux Israélites. Elle fit cette célèbre déclaration : «...*et si je dois périr, je périrai !*»[19], démontrant ainsi une volonté d'acier, une détermination peu commune et l'ampleur de son courage.

Les femmes en position de leadership dans le Nouveau Testament ...

Comme nous l'avons vu précédemment, le Nouveau Testament, à plusieurs reprises, fait mention des femmes. Elles ont joué un rôle important et parfois même déterminant dans la vie de Jésus et dans la première Église. Voici quelques exemples :

- *Tabitha (Dorcas)*: Son nom signifie «*gazelle*». C'était une femme active et estimée dans sa ville pour ses œuvres charitables[20].

- *Les quatre filles de Philippe*: Les textes bibliques ne révèlent pas leurs noms, mais affirment que ces filles proclamaient des messages inspirés par Dieu[21].

- *Lydie*: Elle fut pionnière de l'Église en Grèce[22].

- *Évodie et Syntyche*: Elles ont été des compagnes d'œuvre de l'apôtre Paul dans le combat pour répandre l'Évangile. Paul les a appelées des collaboratrices (*synergoï* en grec, racine du mot synergie) et non des aides[23].

- *Priscille*: Elle était aussi une compagne d'œuvre pour l'apôtre Paul[24].

- *Tryphène, Tryphose et Perside*: L'apôtre Paul les a remerciées pour leur travail missionnaire. Il dira même qu'elles ont beaucoup travaillé pour le Seigneur[25].

- *Phoebé*: Son nom signifie «radieuse». Elle occupait un poste de direction, elle était diaconesse (*diakonos* en grec, traduit par diacre ou pasteur) à Cenchrées[26].

- *Junia*: C'est elle qui aurait été la première femme apôtre et non Marie-Madeleine comme le laisse entendre Dan Brown dans son roman. L'apôtre Paul écrit: «*Saluez Andronicus et Junias, mes parents et mes compagnons de captivité, qui jouissent d'une grande considération parmi les apôtres, et qui même ont été en Christ avant moi.*»[27]

Le nom Junia a été remis en question par certains, car ils refusaient d'admettre qu'une femme ait pu être apôtre. Ils ont littéralement changé le texte grec en écrivant Junias qui est la forme masculine. Cependant, la consultation d'un programme informatique regroupant 2 889 auteurs grecs et 8 203 ouvrages depuis Homère (IXe siècle av. J.C) jusqu'au Ve siècle de notre ère, a confirmé que Junia était un nom féminin à l'époque du N.T.[28] Andronicus et Junia étaient des apôtres qui «*jouissaient d'une grande considération*». Cette expression a aussi été traduite par «*était très estimés*», «*en vue parmi eux*», «*des apôtres éminents*», «*marquants*», «*au premier rang entre les apôtres*».

Personnellement, je pense que le récit le plus frappant, démontrant le rôle des femmes dans l'Église, est celui de la résurrection de Jésus. Laissez-moi vous le rappeler pour que vous en appréciiez toute la teneur:

> «*Après le sabbat, à l'aube du premier jour de la semaine, Marie de Magdala et l'autre Marie allèrent voir le sépulcre. Et voici, il y eut un grand tremblement de terre, car un ange du Seigneur descendit du ciel, vint rouler la pierre, et s'assit dessus. Son aspect était comme l'éclair, et son vêtement blanc comme la neige. Les gardes tremblèrent de peur, et devinrent comme morts. Mais l'ange prit la parole, et dit aux femmes: Pour vous, ne craignez pas; car je sais que vous cherchez Jésus qui a été crucifié. Il n'est point ici; il est ressuscité, comme il l'avait dit. Venez, voyez le lieu où il était couché, et allez promptement dire à ses disciples qu'il est ressuscité des morts.*»[29]

Le contenu de ce texte est fascinant et désarmant. Premièrement, parce qu'il dépeint la résurrection de Jésus qui, pour nous simples mortels, est extrêmement difficile à saisir. Et deuxièmement, parce que les femmes y occupent une place historique, ce qui pour l'époque paraît complètement surréaliste. Pouvez-vous concevoir que Dieu ait choisi des femmes pour proclamer la plus puissante et merveilleuse histoire de l'humanité? Il choisit des femmes pour annoncer à des hommes la venue du Sauveur! Elles ont été les premiers témoins de la résurrection, les premières à rencontrer le ressuscité et les premières aussi à proclamer ce fait! Jésus, encore une fois, transgresse les règles établies qui n'accordaient aucune valeur au témoignage des femmes. Les disciples le confirment par leur réaction à l'annonce de cette nouvelle: «*Ils tinrent ces discours pour des rêveries, et ils ne crurent pas ces femmes.*»[30] Le théologien G.R. Osborne a écrit que: «Le choix divin des femmes comme premiers témoins est l'une des vérités fondamentales des récits de la résurrection. En fait, bien des érudits considèrent ce détail comme une preuve majeure de l'historicité de la résurrection elle-même. En effet, il est hautement improbable qu'un Juif ait jamais inventé une telle histoire puisque les femmes n'étaient pas autorisées à témoigner devant la Justice.»[31] L'Église, misogyne? Cela ne devrait pas être le cas!

La misogynie dans l'Église...

Il faut cependant reconnaître que, par la suite, les femmes ont eu peu de place dans la communauté chrétienne dirigée presque exclusivement par des hommes. Il existe une dichotomie importante entre la valeur inestimable des femmes aux yeux de Jésus et la place qu'elles occupent dans l'Église. En tant que femme, cela m'interpelle et me dérange. Il ne faut pas généraliser, mais il faut tout de même avouer que l'interprétation traditionnelle du rôle de la femme dans l'Église a été androcentrique, c'est-à-dire centrée sur l'homme, et souvent dévalorisante pour la femme. A. Hauge a dit : « L'enseignement de l'Église au sujet des relations hommes-femmes repose davantage sur la nature sociale de l'Église que sur la révélation biblique. »[32] Honnêtement, entre vous et moi, lorsque vous associez les mots *femmes* et *Église,* quelles sont les pensées qui vous viennent immédiatement à l'esprit ? *Soumission, procréation, devoir, infériorité, absentes des positions d'influence, jamais associées au pouvoir.* Pourtant, de telles pensées sont très loin de la conception initiale de l'Église telle que Dieu la désirait.

Ce qui est totalement pernicieux dans le *Code Da Vinci* c'est que subtilement (parfois moins !), l'auteur nous amène à croire que la Bible, dans laquelle est écrite l'histoire de Jésus, est elle aussi dénigrante et misogyne, ce qui est absolument mensonger ! Bien souvent nous avons des idées préconçues sur la Bible. Cependant, dès ses toutes premières pages, dans le livre de la Genèse, il est écrit que *Dieu créa l'homme selon sa propre image, il créa l'homme et la femme*[33]. Dans ce texte, il n'a jamais été question de supériorité ou d'infériorité, de chef ou de subalterne. Selon le théologien et exégète Alphonse Maillot : « La volonté primordiale de Dieu est vraiment de créer l'homme et la femme ensemble, semblables et différents, complets, mais l'un pour l'autre, et leur dualité exprime leur unité fondamentale primitive. »[34] L'intention de Dieu n'a jamais été de créer la femme inférieure à l'homme et encore moins que la femme soit en retrait dans son Église. Au contraire, Dieu savait qu'ensemble, l'homme et la femme formeraient une union parfaite pour accomplir la mission de son Église !

L'apôtre Paul a écrit : « *Il n'importe plus que l'on soit Juif ou non Juif, esclave ou libre, homme ou femme ; en effet, vous êtes tous un dans la communion avec Jésus-Christ.* »[35] Je crois profondément en cette pensée où les hommes et les femmes, malgré leurs différences indéniables, sont des êtres égaux, précieux, uniques, qui ont la même valeur et possèdent des capacités incroyables. Je crois tout aussi profondément en des Églises et des sociétés qui endossent ces mêmes valeurs et permettent aux hommes et aux femmes de travailler ensemble et d'offrir ce qu'ils ont de plus beau et de mieux, afin de bâtir un monde meilleur où chaque être humain sera reconnu et respecté quels que soient son sexe, sa condition, son statut social ou la couleur de sa peau.

Je suis en total désaccord avec les raisons évoquées par Dan Brown dans le *Code Da Vinci* pour échafauder l'argumentation qui lui permet de conclure que l'Église est misogyne! Toutefois, si nous prenons le temps de regarder l'Histoire de l'Église, nous nous apercevons qu'elle s'est trop souvent éloignée de l'enseignement de Jésus, déviant ainsi du plan originel à la base du christianisme. La misogynie présente dans certaines églises ou mouvements religieux (pour des raisons qui sont, je le crois et le répète, d'ordre socioculturel et complètement indépendantes de celles énoncées par Brown dans son livre) est tout à fait contraire au dessein et au désir de Dieu et ne reflète en rien l'esprit de Jésus. Si l'Église avait suivi les instructions et l'exemple de Jésus, elle n'aurait jamais été perçue comme étant misogyne!

L'Église n'a pas les moyens de se priver des femmes si elle veut accomplir sa mission!

Comme nous l'avons vu dans ce chapitre, il n'y a aucun élément, ni dans la vie de Jésus, ni dans la première église, qui permette de discriminer ou de dégrader la femme, bien au contraire. Nous avons vu à quel point Jésus était révolutionnaire et comment il avait élevé les femmes bien au-dessus de tout ce que ses contemporains auraient pu imaginer. Je crois que l'évolution du monde moderne (bien qu'il reste encore beaucoup de travail à faire dans certains endroits du monde) doit encourager l'Église à repenser au problème de la place qu'elle accorde à la femme. Aujourd'hui, *lorsqu'elles en ont les compétences* (je suis contre toute forme de discrimination ou de favoritisme!), les femmes peuvent accéder à des postes qui autrefois étaient exclusivement masculins. Je crois que l'Église devrait suivre cet exemple. Cependant, il faut absolument que « la bonne personne soit à la bonne place » ! Parce que, homme ou femme, une personne sera plus apte à répondre aux besoins de l'Église si elle utilise à bon escient les dons qui lui sont propres. En conséquence, la question de savoir si l'Église est misogyne me semble un faux problème. Le fond du problème n'a rien à voir avec les fondements du christianisme, mais bien avec la mise en pratique de celui-ci.

Personnellement, je crois que l'Église n'a pas les moyens de se priver des femmes si elle veut accomplir sa mission. De grandes femmes engagées et reconnues pour leur foi ont fait une différence dans la société, dans le monde et dans l'Histoire. Vous comprendrez qu'il m'est impossible de faire une liste exhaustive, mais j'aimerais vous en présenter quelques-unes, mes préférées...

Catherine Booth (1829-1890): Dans l'Angleterre victorienne, le libéralisme triomphant a engendré de nombreuses souffrances et la révolution industrielle a précipité beaucoup d'ouvriers dans la misère sociale, l'alcoolisme et la prostitution. Son mari et elle décident de créer, avec les défavorisés parmi lesquels ils ont choisi de vivre et qui sont mal acceptés par les communautés existantes, une structure d'accueil qui deviendra l'Armée du Salut en 1878. Pour l'époque, l'Armée du Salut est une structure révolutionnaire puisque, hommes et femmes sont en parfaite égalité et peuvent accéder à tous les postes de responsabilité. Il est écrit dans la biographie de cette grande dame: « Catherine Booth, mère de l'Armée du Salut [36] ». Femme de foi engagée, sa vie eut une grande portée spirituelle et un impact social extraordinaire.

Henrietta Mears (1890-1963): Elle fut directrice d'éducation religieuse pour les enfants dans une église presbytérienne et enseigna avec passion. Trois ans après son arrivée, l'éducation chrétienne passa de 450 à 4500 enfants. Elle se donna passionnément pour la cause des enfants. Son enthousiasme pour le Seigneur Jésus-Christ était contagieux. Une de ses plus célèbres citations est: « Jésus a la spécialité de faire de ceux qui ne sont rien des personnes importantes ». Elle eut un profond impact sur plusieurs personnes, notamment Billy Graham qu'elle conduisit à la foi. Il dira lui-même, qu'après sa mère, c'est elle qui influença le plus sa vie. Henrietta Mears est également une auteure reconnue. Ses biographes ont écrit ceci à son sujet : « **Henrietta a été la géante de l'éducation chrétienne, non seulement de sa génération, mais de son siècle. Elle fut un extraordinaire mélange d'intellect, de dévotion et de spiritualité ; un génie pour l'administration, quelqu'un qui motive, qui encourage, un leader** ». Son expression favorite était : **Dream Big** *!

Élisabeth Elliot (1926 -) : Fille de missionnaire, Élisabeth, marcha dans les traces de ses parents. Avec son mari Jim Elliot, elle œuvra passionnément et avec acharnement auprès des Indiens Aucas en Amérique du Sud. Deux ans après son mariage et alors qu'elle venait tout juste de mettre sa fille Valérie au monde, son mari fut assassiné par ces Indiens. Il mourut, martyr, à l'âge de 28 ans. Femme de foi, de pardon et de compassion, Élisabeth poursuivra son œuvre. Elle retournera bravement sur le champ missionnaire servir le peuple qui tua son époux. Son œuvre eut une portée exceptionnelle. Grâce à son courage, un grand nombre d'Indiens Aucas connaîtront l'Évangile de Jésus-Christ. La mission qu'elle préside a établi au fil des années des centaines d'écoles et de dispensaires. Et c'est une société entière, composée de dizaines de villageois, qui s'est émancipée ! Élisabeth Elliot est une auteure reconnue dans le monde entier et ses œuvres sont grandement appréciées. Cette femme de cœur a profondément marqué un peuple tout entier. Sa vie est une source d'inspiration pour chacun d'entre nous. **Élisabeth Elliot une grande dame au grand cœur !**

Au moment où je finis d'écrire ce chapitre, la pluie tombe à torrents, le temps est à la grisaille à l'extérieur de mon église mais à l'intérieur, il y a un flot de vie. Il y a à peine quelques minutes, dans le bureau qui fait face au mien, une jeune femme en détresse, complètement brisée, est entrée en pleurs. En ce moment, elle reçoit de l'aide. Elle est écoutée, encouragée, aimée et sa vie est rebâtie *par une femme, ici même dans l'église.* Au

_____

* Rêvez grand !

même instant, d'autres femmes qui ont été victimes d'abus de toutes sortes, de violence et que l'on soutient par le biais de notre banque alimentaire, sont en train de vivre une journée «sourire». Elles se font dorloter, coiffer et maquiller *par des femmes, ici même dans l'église*. Des gestes qui, nous l'espérons, leur permettront de retrouver un peu de l'estime de soi qui leur a malheureusement été dérobée.

Ce flot de vie se déverse tout au long de l'année. Les besoins de centaines de femmes sont et seront comblés *par des femmes, ici même dans l'église*. Certaines sont là pour faire des études bibliques, pour assister à des réunions de prière et de louange dirigées par des femmes, et même pour faire de l'exercice (eh oui, après un salon de coiffure, pourquoi pas une salle de gymnastique dans l'église!). D'autres sont venues assister à des groupes de soutien afin d'arriver à se libérer des séquelles laissées par l'inceste ou le viol, ou encore à se sortir d'une dépression ou d'une dépendance. Elles viennent apprendre ou réapprendre qu'elles sont des femmes de grande valeur.

Les femmes viennent *ici même à l'église* pour être restaurées, mais aussi pour donner. Grâce à elles, encore cette année, un peu plus d'enfants luttant contre la maladie, des parents fatigués parfois même désespérés et des personnes âgées délaissées, seront écoutés, réconfortés et aimés. Je crois du plus profond de mon cœur en une Église qui répond aux besoins… aux besoins des femmes dans toutes les sphères de leur vie. Je crois en une Église qui respecte les femmes, qui les aide à s'épanouir et à développer leur potentiel afin qu'elles puissent, à leur tour, se déverser dans la vie des gens qui les entourent et dans la société. Je crois en une Église qui est à l'image de Jésus que Dan Brown et tous ses lecteurs doivent découvrir!

chapitre 4

Le mysticisme, le gnosticisme et les évangiles manquants du Code Da Vinci

*« La Bible est un produit de l'homme... pas de Dieu.
Le Nouveau Testament est un faux témoignage, entièrement
basé sur des chimères... La Bible a évolué à travers
des centaines de traductions, d'additions et de révisions.
Il n'y a jamais eu dans l'histoire une version définitive
du livre... Plus de 80 évangiles ont été considérés pour
le Nouveau Testament... seulement 4 ont été choisis...
presque tout ce que nos pères nous ont enseigné concernant
le Christ est faux.* »[1] *Dan Brown dans le Code Da Vinci*

*« Ce n'est pas en suivant des histoires inventées ou des fables
habilement conçues que nous vous avons fait connaître
les évangiles de Jésus-Christ, mais parce que nous avons été
des témoins oculaires qui ont vu de leur propres yeux sa
majesté.* »[2] *L'apôtre Pierre, témoin de la résurrection de
Christ et martyr*

Ce chapitre s'ouvre sur des événements survenus à la fin des années soixante et au début des années soixante-dix. La Révolution tranquille est maintenant en pleine ébullition au Québec. La fièvre nationaliste brûle et les évènements marquants se multiplient avec fracas au son de la musique et des compositions éclatées, dérangeantes, mais tellement excitantes pour les Québécois de l'époque, des nouveaux rockers rebelles tels que Robert Charlebois. La crise d'octobre 1970, le kidnapping du diplomate britannique James Cross par le FLQ et la mort tragique du ministre Pierre Laporte seront des moments clés de cette période déchirante et violente. Sur le plan moral et religieux, une transformation prend place également. Le général de Gaulle s'écriera : « Vive le Québec libre ! » tandis que des milliers de Québécois plongeront dans la révolution sexuelle en claquant la porte de l'église traditionnelle.

En trente ans à peine, le Québec est bouleversé par un véritable tsunami socioculturel qui renverse tout sur son passage. Des termes et des expressions jusque-là inexistants tels que « sida », « suicide adolescent », « épuisement professionnel » (*burn-out*), « déconfessionnalisation des écoles », « 11 septembre », « Al-Qaeda », « changements climatiques » et « scandale des commandites » apparaissent. Ces mots deviennent des pancartes que nous avons à peine le temps de lire sur le bord de l'autoroute ultra rapide du changement. Alors que nous dévalons la pente abrupte de ce nouveau millénaire nous n'avons, semble-t-il, aucun frein dans cette descente vertigineuse ; les « crashs » sociaux et familiaux sont nombreux et douloureux.

Dans les années 70, tout près de chez nous, chez nos voisins du sud, Bob Dylan chante *The Times, They Are A-Changin'* (Les temps changent). Les Américains voient leurs héros et leurs espoirs tomber un à un sous les balles de tireurs fous. Les assassinats de John et Robert Kennedy et du pasteur noir Martin Luther King sont trois coups de poignard dans le cœur du rêve américain. Celui qui avait fait vibrer la nation et le monde entier avec son message de paix et d'égalité, qui avait proclamé avec confiance, malgré l'usure des combats et les blessures, « *I have a dream…* »[3] (J'ai un rêve…) n'est plus. Le rêve est fini et le réveil brutal. L'Amérique s'étourdit et trinque avec un cocktail de « *sex, drugs and rock 'n' roll* » à la main. Le festival rock de Woodstock devient le symbole d'une génération révoltée, qui lève le poing vers le ciel, un joint aux lèvres, pataugeant dans une mare de boue de nouvelles expériences, nouvelles drogues, nouvelles idées, nouvelles mœurs et nouvelles philosophies.

C'est avec la musique tonitruante de Jimi Hendrix et de Janis Joplin en fond sonore, que nous rencontrons Josh McDowell.

C'est un étudiant brillant qui se trouve sur le campus d'une université en pleine émeute. Le 4 mai 1970, quatre étudiants américains dans la fleur de l'âge sont tués par des tirs de mitraillette de la Garde Nationale, pendant une manifestation contre la guerre au Vietnam qui se déroule à l'université Kent. Suite à cet évènement, des centaines d'autres campus universitaires explosent tels des volcans en éruption qui brûlent et saccagent tout sur leur passage. La violence se répand. Josh McDowell, animé d'une mentalité typique de sa génération, dégoûté par tout ce qui se passe dans son pays et par le pouvoir politique, voue un mépris particulier à la religion. Il bout intérieurement de pouvoir faire quelque chose, de donner un grand coup à tout ça. Alors qu'il écrit sa thèse de doctorat en philosophie, après de longs mois de réflexion, il prend une direction qui va changer le cours de sa vie. Son nouveau sujet de thèse lui permettra de prouver, au moyen de l'Histoire, que les évangiles sont une fumisterie, une fraude, une invention de l'homme[4].

Son intention est de devenir célèbre et il en a le potentiel. Il a sauté plusieurs années scolaires, possède une mémoire phénoménale et malgré sa jeune vingtaine, sa plume est déjà hargneuse et redoutable. Élu président de plusieurs associations étudiantes, son influence est déjà palpable sur les campus universitaires. Il désire être connu comme l'auteur du livre-choc qui aura démasqué la supercherie des évangiles. Il voyage à travers les États-Unis et l'Europe afin de collecter des informations et d'effectuer les recherches nécessaires à la rédaction de sa thèse. Il commet toutefois une « erreur » fatale lorsqu'il commence à lire la Bible, en particulier les évangiles, afin de prouver la stupidité, la superstition, l'absence de logique et la fourberie de ces écrits. Il consacre des mois et des mois à ces études intensives et épuisantes. À la fin de ces recherches scientifiques, historiques et archéologiques, il en vient à une conclusion stupéfiante et absolue : les évangiles sont vrais[5] ! Aucun autre écrit historique n'est autant vérifié, documenté, corroboré, scruté, aussi sensé et fiable. D'un point de vue historique, il est plus logique, plus cartésien et plus sûr de croire au récit des évangiles que de croire aux écrits de personnages comme Platon, Socrate, Jules César ou Napoléon, même si ces écrits n'ont jamais été remis en question[6] !

D'un point de vue historique, il est plus logique de croire aux Évangiles qu'aux écrits de Platon, Socrate, Jules César ou Napoléon !

Josh McDowell est devenu chrétien. Il n'a pas écrit qu'un seul livre, mais des dizaines qui sont devenus des best-sellers internationaux et qui depuis plus de trente ans se portent à la défense de la foi chrétienne, démontrant la véracité des Écritures ou défendant la résurrection de Christ. «Apôtre Paul des Temps modernes», Josh McDowell participe à des débats sur la foi sur des campus universitaires et donne chaque année des centaines de conférences devant des dizaines de milliers d'étudiants[7].

Son histoire est extraordinaire, mais elle illustre une réalité expérimentée par des millions de personnes de toutes les sphères de la société qui critiquaient ou méprisaient les Évangiles alors qu'ils n'en connaissaient rien. Je pourrais remplir ce livre, page après page, chapitre après chapitre, de récits de gens qui, en s'approchant tout simplement des Écritures avec une honnêteté intellectuelle, un esprit ouvert et une disposition sincère, ont découvert la richesse, la beauté, la solidité, l'authenticité et la capacité rédemptrice de leur contenu.

Le *Code Da Vinci* est «pris pour du cash» par des millions de lecteurs qui n'ont jamais lu ou étudié la Bible, qui n'ont aucune idée de la manière dont elle nous est parvenue, ni des raisons pour lesquelles nous devrions lui faire confiance. Dans ce chapitre, nous allons confronter, étape par étape, certaines des affirmations les plus scabreuses du livre de Dan Brown concernant les Évangiles.

Voici comment j'aimerais procéder: nous allons poser plusieurs questions importantes, citer le *Code Da Vinci* et répondre par l'Histoire et les faits. Êtes-vous prêts? Êtes-vous en forme? C'est le quatrième round et j'ai bien l'impression qu'après les «directs» des trois premiers chapitres, la Bible et les Évangiles vont «frapper au corps» et préparer le K.-O. pour «Les Mensonges du *Code Da Vinci*»! Allez, debout, au son de la cloche, DING! Attaquons!

Question: La Bible est-elle un document falsifié dans lequel nous ne pouvons pas avoir confiance?

La position du Code Da Vinci: «Le Nouveau Testament est rempli de faussetés et basé sur des fabrications. Il n'y a presque rien de vrai dans les Évangiles que nous utilisons aujourd'hui» (pages 231, 341, 345).

Les faits: La position chrétienne historique est que la Bible a été inspirée par Dieu. Le mot biblique grec pour «inspiration» signifie littéralement «avec le souffle de Dieu[8]». Cela ne veut pas dire que les auteurs des textes de la Bible étaient «inspirés» au sens d'«enthousiastes» ou que tous leurs écrits sont «inspirants» ou «motivants», mais plutôt que parce que ces textes sont écrits «avec le souffle de Dieu», inspirés par Dieu, ils sont vrais et fiables. Comme je vais l'expliquer un peu plus en détail plus loin, les théologiens chrétiens de tous les âges, spécialisés en bibliologie (étude de la Bible) et apologétique (défense factuelle de l'inspiration divine des Écritures) prônent que les textes de la Bible sont inspirés, animés et rendus vivants par l'Esprit créateur de Dieu.

Je dois aussi mettre l'accent sur le fait que le christianisme est une religion en parfaite harmonie avec l'Histoire. Nous trouvons, par exemple, une puissante corroboration de la véritable histoire du christianisme dans l'archéologie. La précision, la fiabilité et la crédibilité de la Bible ont été prouvées et vérifiées par des scientifiques et des historiens chrétiens et non chrétiens au travers de milliers de découvertes archéologiques au fil des siècles. Ainsi, des centaines de documents authentifient magnifiquement des coutumes, des lieux, des noms, des mouvements militaires ou politiques, ainsi que de nombreux évènements mentionnés de manière spécifique dans la Bible[9].

À ce jour, plus de 25 000 sites archéologiques datant des périodes de l'Ancien et du Nouveau Testaments, ont été répertoriés dans les pays cités par les Écritures. Les découvertes qu'on y a faites attestent, de façon spectaculaire, la remarquable authenticité de la Bible dans ses moindres détails[10]. À la lumière de cela, nous devons conclure que l'archéologie est une véritable alliée de la Bible[11]. Elle n'a jamais contredit un fait qui y est écrit. Au contraire, elle a toujours fortifié la conviction des gens qui étudient l'Histoire et les écrits bibliques[12]. Il est très révélateur et extrêmement stimulant de considérer le nombre d'historiens et d'archéologues dont l'intention première était de prouver la fausseté des Écritures et qui ont terminé leurs recherches en étant animés d'une foi mêlée d'émerveillement[13] !

Sir William Ramsay[14], par exemple, s'était donné pour objectif de prouver que Luc, auteur de l'Évangile portant son nom et des Actes des Apôtres, n'était pas un historien fiable. Ramsay était athée, fils d'une famille d'athées. Né dans la ouate, une cuillère d'argent dans la bouche, il a fréquenté les meilleurs écoles, collèges et universités du monde avant d'obtenir un double doctorat, dont un Ph. D de la prestigieuse université d'Oxford. Véritable globe-trotter, il consacra sa vie à l'archéologie. Il entreprit ses recherches avec l'idée préconçue que les textes de Luc s'avéreraient incorrects en termes de chronologie historique, d'exactitude de dates, de lieux, de noms et d'évènements. Après plus de vingt ans d'études (les historiens sont des êtres étranges et des plus patients !), il parvint à l'absolue conclusion que Luc était en fait un historien de première classe et que son évangile et le texte des Actes des Apôtres étaient sans faute d'un point de vue historique et factuel. Il écrivit ensuite un volume intitulé *Le témoignage des récentes découvertes archéologiques, preuves de la fiabilité du Nouveau Testament,* et consacra son temps à communiquer sa confiance dans les évangiles dans les milieux académiques et universitaires[15].

Un verset fascinant des évangiles annonce comment, de siècle en siècle, la science et l'archéologie vont littéralement prouver l'authenticité des écrits bibliques. Saisissez bien ceci : plus la science et la technologie progressent, plus elles découvrent que ce qui était déclaré et enseigné dans la Bible il y a des millénaires, est vrai. Une des appellations de Dieu dans le Nouveau Testament est «l'Alpha et l'Oméga, celui qui est, qui était et qui vient, le Tout-Puissant[16].» Alpha et Oméga étaient la première et la dernière lettre de l'alphabet grec. Dieu dit en fait: «J'étais là depuis toujours. Tous les commencements et toutes les fins sont en moi. Je suis la première et la dernière lettre de toute science, toute histoire, toute expérience humaine ainsi que de toute connaissance. Le commencement et la fin absolue de toutes choses.» Les théologiens nomment ces attributs de Dieu «l'immuabilité» (il ne change pas), «l'omniscience» (il sait tout) et «l'omnipotence» (il est sans limites dans sa puissance et sa capacité).

Depuis le début de ce siècle, les Josh McDowell, Sir William Ramsay ou Dan Brown et son *Code Da Vinci* pullulent. Une certaine pensée moderne prétend qu'à mesure que les siècles s'écoulent, l'humanité scientifique, cartésienne et si évoluée va démasquer le ridicule du «folklore» biblique. Dès le XVIIᵉ siècle, Voltaire (1694 – 1778), l'écrivain et penseur européen le plus influent de son temps, se rendit célèbre en déclarant, avec toute la perspective d'un éphémère (ce papillon aux couleurs éclatantes qui ne vit qu'une journée avant de s'éteindre subitement) : «Dans cent ans la Bible aura disparu. Elle ne sera qu'un manuscrit extrêmement rare, poussiéreux, enfoui au fond de quelques bibliothèques miteuses.»[17] Il est intéressant de remarquer que plus de deux cent cinquante ans après la mort de Voltaire, la Bible est le best-seller mondial n°1 – toutes catégories confondues. Chaque année, c'est le livre le plus lu, le plus traduit et le plus commenté au monde mais également celui qui rencontre le plus d'opposition[18]. Voltaire, quant à lui, est assez poussiéreux merci! L'épilogue et le clin d'œil du ciel dans cette histoire, c'est que la maison même où Voltaire écrivit plusieurs de ses livres a été vendue et rachetée maintes fois pour devenir finalement une maison d'édition et d'impression de Bibles[19]! Celui qui avait claironné avec fanfaronnade la disparition des Écritures a lui-même disparu et sa maison publie des Bibles à travers l'Europe!

Écoutez bien cet avertissement de Jésus pour tous les Dan Brown et *Code Da Vinci* du monde : «Alors il leur répondit : si les hommes cessent d'annoncer qui je suis comme Fils de Dieu, alors les pierres le crieront.» (Évangile de Luc, chapitre 19 verset 40, version Parole Vivante). Depuis une centaine d'années, petit à petit, de génération en génération, c'est de plus en plus «in», à la mode, politiquement correct et socialement acceptable de s'afficher comme quelqu'un de tellement «éclairé» qu'il serait impossible de ne pas être sceptique concernant les écrits de la Bible, (même lorsque l'on ne l'a jamais lue ni étudiée un tant soit peu!). Jésus nous avertissait, il y a deux mille ans: «Lorsque le scepticisme à mon sujet sera à son zénith, que la science respectée et redoutable de l'archéologie (pourtant estimée par l'intelligentsia moderne) aura apporté sa contribution, *les pierres* crieront d'une voix forte et cristalline qui je suis». Au moment même où plusieurs théologiens chrétiens, intimidés et recherchant l'acceptation sociale, ont cessé de défendre la véracité des Écritures et du message des évangiles contre ceux qui l'attaquent (du *Code Da Vinci,* aux systèmes d'éducation en passant par les médias modernes jusqu'à monsieur Tout-le-monde), Dieu a commencé à accomplir cette prédiction et les pierres des découvertes archéologiques modernes ont déjà commencé à crier. La science de l'archéologie a fait ses premiers pas au début du XIXe siècle quand naissaient la plupart des mouvements de critiques des Écritures les plus virulents de notre ère[20].

Peut-être vous êtes-vous demandé pourquoi la Bible était remplie de tellement de détails narratifs qui peuvent paraître encombrants à celui ou celle qui la lit et souhaite en saisir «le message». Le chapitre 33 du livre des Nombres, par exemple, contient une liste de 42 sites géographiques tirés du récit de l'Exode. Dans d'autres livres bibliques, nous retrouvons des listes et des nomenclatures de villes, de dates, d'évènements, de rois ou d'individus qui nous paraissent parfois fastidieuses. *L'heure est à la repentance!* Avouons-le ensemble: ceux d'entre nous qui lisent la Bible sont coupables de «sauter» allégrement ces passages entiers pour se diriger vers ceux qui nous plongent dans l'action!

Pour beaucoup de chrétiens modernes, c'est un peu comme «zapper» les spots publicitaires qui entrecoupent une émission de télévision! Si vous êtes Québécois et, comme moi, amateur de hockey dans l'âme, avec le sigle du Canadien de Montréal «tatoué sur la poitrine» (à tous mes paroissiens horrifiés: ceci n'est encore une fois qu'une image, une figure de style!), vous avez alors sûrement déjà regardé *Le Canadien Express* en fin de soirée. En soixante minutes, cette émission diffuse les meilleurs moments d'un match qui dure plus de deux heures trente.

Pourtant, en essayant d'ignorer les détails contenus dans les textes bibliques, nous pouvons, souvent par inadvertance, toucher ou couper «un organe vital». Les policiers qui interrogent un suspect lui font raconter «son histoire» dans les moindres détails. Un avocat, devant la cour, pose souvent un nombre hallucinant de questions sur des faits et des «particularités» qui ne semblent pas directement reliés à l'affaire pour laquelle il plaide. C'est en procédant à une minutieuse vérification de tous les détails que la justice peut corroborer les faits et dissocier ce qui est authentique de ce qui est mensonger. C'est comme cela qu'on établit la vérité et qu'on empêche le mensonge de se perpétuer.

Depuis le début du siècle dernier, les armées d'archéologues à l'œuvre partout dans le monde sont devenues, bien malgré elles, de véritables avocats et défenseurs de la foi chrétienne. Des dizaines de milliers de sites ont été découverts ; tout ce qui s'y trouvait a été méticuleusement étudié, répertorié et comparé avec les écrits de la Bible, en mettant à profit toute la diversité et l'efficacité de la technologie moderne. Le docteur Millar Burrows, qui a été recteur de la Faculté d'histoire des civilisations et d'archéologie de l'université Yale, émet cette observation : «Il ne peut y avoir aucun doute que l'archéologie moderne a confirmé substantiellement l'historicité des écrits et de la tradition de l'Ancien et du Nouveau Testaments. Dans des centaines de ces découvertes, l'archéologie a réfuté ce qui avait été, parfois depuis des siècles, les attaques des critiques contre la Bible. Dans de

Aucune découverte archéologique crédible n'a jamais contredit une référence ou une information biblique.

nombreux cas, il a été prouvé que les arguments des critiques reposaient sur de fausses données, des superstitions et des interprétations malhonnêtes, biaisées et non factuelles du déroulement historique. Selon mon opinion, le scepticisme excessif, au-delà de la logique et de la raison, de nombreux critiques, ne provient pas d'une étude et d'une évaluation objectives de l'information disponible, mais plutôt d'une énorme prédisposition à rejeter la perspective chrétienne.»[21]

Sir Frédéric Kenyon du *London British Museum* (le musée d'histoire de Grande-Bretagne) est considéré par ses pairs comme un des spécialistes en Histoire les plus éminents de notre époque[22]. Il affirme : « Nous pouvons déclarer catégoriquement qu'aucune découverte archéologique crédible n'a jamais contredit une référence ou une information biblique. La 'mémoire' historique de la Bible est presque incroyable lorsque nous considérons l'abondance des détails, des faits, des descriptions d'évènements historiques et des noms de personnages que contiennent les textes des Écritures saintes. »[23]

De fameux accusateurs et « dénonciateurs » des évangiles tels que Julius Wellhausen, Theodore Noldeke, Dean Farrar, qui ont vécu aux XVIIIe et XIXe siècles, ainsi qu'une pléiade d'autres critiques, ont tous connu à leur époque une certaine célébrité, un « triomphe » momentané en croyant avoir souligné une erreur historique majeure dans les récits des Écritures. L'un des archéologues les plus respectés du XXe siècle selon plusieurs magazines scientifiques[24], le docteur William F. Albright de l'Université Johns Hopkins, dit : « Ils ont tous, l'un après l'autre, été par la suite "déculottés" lorsqu'une découverte archéologique venait mettre en lumière et valider que ce que la Bible déclare, était en fait absolument véridique et irréprochable historiquement depuis le début. »[25]

Alors que les Dan Brown de ce monde attaquent la véracité des Écritures par des soi-disant romans historiques qui les rendent riches et célèbres, trop de chrétiens sans fondement, pris par surprise par la violence et l'ampleur de l'attaque, sont silencieux et un peu perdus. Réalisons aujourd'hui qu'à travers la science moderne de l'archéologie, « les pierres crient » que, vous et moi, pouvons avoir confiance dans les Évangiles lus depuis des siècles.

Le but de ce livre n'est pas de présenter les multiples exemples où des fouilles archéologiques ont prouvé la véracité des Écritures et démoli ainsi les faussetés de certains critiques. Des centaines d'excellents livres, écrits par des experts chrétiens et non chrétiens, font cette démonstration avec éloquence. Le problème c'est que les lecteurs du *Code Da Vinci* ignorent l'existence de tels ouvrages. Des millions de gens sont empoisonnés par ce qu'ils lisent dans un livre ou voient dans un film à sensation qui façonne puissamment leurs opinions, mais très peu entendent la réponse de l'Histoire et les évidences que présentent des faits documentés.

Laissez-moi vous donner quelques exemples où l'archéologie vient corroborer les Écritures et anéantir les attaques des critiques. Pendant longtemps, les Dan Brown du passé rejetaient le livre de Daniel dans l'Ancien Testament parce qu'il n'y avait aucune preuve qu'un dénommé Beltschatsar ait été roi de Babylone durant cette période, tel que l'enseigne la Bible. Les experts citaient des parchemins et des documents historiques qui nommaient Nabonidus comme dernier fils de Nebucadnetsar et roi de Babylone, mais pas Beltschatsar[26]. Les archéologues découvrirent plus tard sur le site de la ville d'Ur en Chaldée de l'ancienne Babylone, quatre cylindres d'argile contenant des parchemins en remarquable condition. Ces écrits expliquaient, de manière répétée et sans équivoque, comment Nabonidus, le fils de Nebucadnetsar, avait solennellement désigné Beltschatsar comme codirigeant et empereur, lui léguant ses pouvoirs et son autorité absolue lorsqu'il quittait la capitale des années entières pour aller à la guerre[27]. Les parchemins dans les cylindres de Nabonidus sont authentiques et font référence à des dizaines d'évènements qu'atteste un nombre impressionnant d'autres documents fiables de l'époque. Ils parlent des contrats signés par Beltschatsar, des terres qu'il avait achetées, ils font mention de dates, de lieux et de narrations aussi précises que les circonstances entourant sa mort et le nom du général qui l'a tué. Tout cela en parfaite osmose avec les écrits séculiers historiques et la version biblique trouvée dans le livre de Daniel[28]. Je pourrais facilement écrire un livre de trois cents pages qui citerait des dizaines d'exemples comme celui-là. À chaque coup de truelle des archéologues, les pierres s'écrient : La Bible est vraie ! Son témoignage est authentique ! Jésus est différent de tous les autres : Il est le Fils de Dieu !

Une autre source de « délice sardonique » pour ses détracteurs a longtemps été que la Bible cite parfois des noms de rois ou de peuplades qui ne sont mentionnés ni par les historiens de l'Antiquité ni dans les autres littératures connues de l'époque. Le raisonnement des critiques a toujours été le même : si les sources disponibles à ce jour ne parlent pas d'une nation, cette nation n'a donc jamais existé et la Bible est fausse, irresponsable et peu fiable ! Une des nations « imaginaire » ou « mythique » que les Juifs ont combattue est celle des Hittites, peuple mentionné dans huit chapitres différents de l'Ancien Testament[29].

Pendant des siècles, les critiques de la Bible remettaient en question la crédibilité de son message entier à cause des « Hittites ». Le réputé archéologue et docteur en Histoire, Hugo Winckler, a creusé pendant des années sur les sites historiques des narrations bibliques et a découvert par ses excavations plus de quarante anciennes villes hittites ! Ces découvertes sont exposées dans des musées aux quatre coins du monde. Des traités entre des nations et les Hittites dont parlaient les Écritures, et que les critiques tournaient en ridicule, ont été retrouvés intacts, gravés en toutes lettres sur les murs des cités déterrées[30] ! Des centaines d'inscriptions babyloniennes découvertes depuis, prouvent maintenant que les Hittites ont été exactement tels que la Bible les décrivait, une nation puissante et absolument reconnue historiquement. L'archéologie des soixante-quinze dernières années a corroboré, appuyé et validé les écrits du Nouveau Testament et des évangiles dans leurs plus infimes détails. Et ce, sur des sujets aussi variés et importants que la naissance et la vie de Christ, son arrestation, sa comparution devant Pilate, sa torture, sa crucifixion et sa résurrection[31].

La Bible est un document fiable, solide, authentique et digne de confiance historiquement et dans les faits[32].

———○○○———

Question : Y avait-il vraiment quatre-vingt « évangiles » et est-il vrai que l'empereur Constantin en choisit seulement quatre pour un gain cupide ?

La position de Code Da Vinci : « Plus de quatre-vingt Évangiles ont été considérés pour le Nouveau Testament et seulement quatre ont finalement été choisis et inclus : Matthieu, Marc, Luc et Jean. Tous les autres ont été ignorés par l'Église et détruits... Ces évangiles soulignent les terribles contra-dictions et fabrications de la Bible moderne... Ils sont, en fait, les vrais et premiers témoignages écrits et manuscrits authentiques de la foi chrétienne... Plusieurs érudits prétendent que l'Église a littéralement 'volé' Jésus à ses disciples originaux, faisant disparaître son véritable message humain pour en faire le 'Fils de Dieu'. C'est dans ces évangiles gnostiques que les véritables chercheurs peuvent trouver le vrai Jésus. C'est l'empereur Constantin et ses successeurs masculins qui ont substitué au paganisme matriarcal la chrétienté patriarcale. Leur doctrine diabolisait le Féminin Sacré» (pages 231 à 234 et 252).

«La Bible, telle que nous la connaissons aujourd'hui, a été collationnée par un païen, l'empereur Constantin le Grand», affirme «l'expert» de Dan Brown (p. 289). Il continue plus loin : «Il était absolument vital pour le bon fonctionnement de l'Église et de l'Empire que Jésus soit reconnu comme le Messie annoncé par les prophètes... Ce qui nous dérange, c'est que ce 'coup de pouce' divin au statut de Jésus soit intervenu trois siècles après sa mort. Il existait déjà des centaines de textes qui racontaient sa vie d'homme - d'homme mortel. Pour pouvoir réécrire son histoire, l'empereur devait réaliser un coup d'audace. Et c'est là que se place le virage décisif de l'histoire chrétienne. Constantin a commandé et financé la rédaction d'un Nouveau Testament qui excluait tous les évangiles évoquant les aspects humains de Jésus, et qui privilégiait - au besoin en les 'adaptant' — ceux qui le faisaient paraître divin. Les premiers évangiles (gnostiques) furent déclarés contraires à la foi, rassemblés et brûlés.» (pages 292 à 293).

Les faits: Vous venez de lire la plus longue citation ininterrompue du *Code Da Vinci* qu'il y aura dans le livre que vous tenez entre vos mains. De l'inclure ainsi, en «*continuum ad nauseam*» (librement traduit du latin : en mode continu qui rend malade !) a été très pénible pour moi ! Je voulais m'arrêter à chaque phrase et répondre à ce flot de bêtises par des citations et des faits historiques en criant: Faux ! Faux et ARCHI-Faux ! Le docteur Darrell L. Bock. Ph.D. en recherche du Nouveau Testament et le docteur Francis J. Moloney, qui détient un double doctorat en Philosophie et en Études religieuses, deux professeurs d'université et sommités en Histoire de l'Église, dans leurs ouvrages sur le *Code Da Vinci*, déclarent pouvoir citer «des centaines d'historiens, de linguistes, de théologiens, d'archéologues et d'experts en sciences religieuses (tous possédant au moins un doctorat) qui dénoncent comme ridicule, sans fondement et pure fiction les affirmations du *Code Da Vinci* sur les origines des évangiles[33]».

Voici les faits. L'Histoire est claire, substantielle, abondante et limpide dans ce domaine. Les quatre évangiles, Matthieu, Marc, Luc et Jean, ont été reconnus dès le départ par les tout premiers pères de l'Église. Pour la majorité des historiens, il y avait huit voire une douzaine de documents portant l'appellation d'«évangile» qui existaient durant cette période de l'Histoire[34]. Les autres ne furent clairement pas considérés comme «des écritures inspirées» par les pères de l'Église[35]. Eusèbe, le premier historien reconnu de l'Église, explique dans ses écrits que les quatre Évangiles ont été reconnus dans le Canon des Écritures dès le début. Le Canon est le nom donné par les historiens et les théologiens à la liste de livres de l'Ancien et du Nouveau Testaments reconnus comme authentiques[36].

Le mot «canon» vient du grec *kanon* qui signifie «règle» et est utilisé par l'apôtre Paul en référence à l'enseignement fondamental des apôtres (Galates 6.16). Il est intéressant de remarquer que le *Code Da Vinci* ne fait pratiquement aucune référence à l'Ancien Testament. Les disciples, apôtres et auteurs du Nouveau Testament reconnaissaient le Canon de l'Ancien Testament comme authentique et inspiré de Dieu[37].

Le concept de l'inspiration divine pourrait être défini comme Dieu qui «souffle» sur les hommes et supervise leurs écrits de façon à ce que, bien qu'ils gardent leur individualité et caractéristiques humaines, ils deviennent capables, par son action, d'écrire et de rapporter son message[38]. Les auteurs de l'Ancien Testament et du Nouveau Testament conservaient leur style littéraire, leurs particularités et leur personnalité. Les documents originaux de la Bible ont été écrits par des hommes qui, bien qu'entièrement libres de s'exprimer selon leurs talents et leur propre style, ont écrit sous le contrôle, la direction et «l'inspiration» de l'Esprit de Dieu, le message que Dieu désirait communiquer à l'humanité.

Les écrivains de la Bible n'étaient pas des robots lobotomisés ou des «machines à écrire» humaines. Dieu ne les a pas utilisés comme les touches d'un clavier afin de reproduire son message de façon mécanique[39]. Nous ne croyons pas que les auteurs de la Bible ont reçu mot à mot une «dictée mystique». L'évidence biblique rend clair le fait que chaque écrivain conservait son style littéraire et son humanité. Esaïe écrit avec une plume éloquente, imagée, et lyrique; Jérémie est empreint de la tristesse et du drame de son époque; le style de Luc, qui était médecin, dénote l'approche médicale, scientifique et logique de sa profession et l'apôtre Jean écrit dans un genre littéraire simple et profond[40].

La conviction chrétienne est tout simplement que Dieu a œuvré de façon infaillible à travers ces écrivains bibliques afin de communiquer sa révélation à tous les êtres humains de l'Histoire. L'apôtre Pierre (2 Pierre 1.21) nous offre un éclairage et une magnifique compréhension de cet échange, de cette collaboration entre le divin et de l'humain dans le processus d'inspiration. Ce verset biblique nous révèle que «les Écritures n'ont nullement tiré leurs origines d'une volonté humaine et que les écrits et les prophéties de la Bible ont été écrits par des hommes qui ont été 'poussés par le Saint-Esprit' à parler de la part de Dieu. L'expression 'poussé par l'Esprit' dans le langage grec signifie littéralement que les écrivains ont 'été portés avec force'.»[41]

La volonté humaine des auteurs n'était pas à l'origine du message de Dieu. La conviction de la théologie chrétienne depuis des siècles est que Dieu n'a pas permis à leur faiblesse ni à leur faillibilité humaine de mal diriger ou de mal rapporter le message divin. L'Histoire et la vérification incessante et minutieuse des historiens, des sceptiques et des critiques de tous âges démontrent et prouvent que Dieu a parlé, révélé, inspiré et permis à ces hommes d'écrire sa Parole, son message et son Évangile (le mot grec pour «évangile» veut dire «bonne nouvelle»).

Il est intéressant de remarquer que l'expression grecque utilisée pour «poussé par» ou «porté puissamment» est la même que nous trouvons dans les Actes des Apôtres (27.15-17). Dans ce passage, des marins expérimentés ne pouvaient plus naviguer et diriger leur embarcation, car le vent était trop fort. Le bateau était ballotté, poussé et porté par le vent dans une direction. J'y vois une magnifique illustration de l'œuvre de l'Esprit de Dieu qui simplement, mais surnaturellement, a dirigé, poussé et porté les auteurs de la Bible dans leurs écrits. Ils n'allaient pas où ils voulaient, mais là où le vent, le souffle de l'Esprit, les portait et les dirigeait. Le mot grec est fort, il suggère la supervision complète de l'Esprit divin sur des auteurs bien humains. Pourtant, comme les marins étaient actifs et participaient à la conduite du navire (bien que, ultimement, ce soit le vent et non eux qui en contrôlait les mouvements), les auteurs des Écritures ont eu une participation active en écrivant sous la direction et l'inspiration de Dieu[42].

Les quatre Évangiles ont été immédiatement retenus et reconnus comme étant des Écritures Saintes par les premiers apôtres tels que Paul, qui cite l'Ancien Testament et l'Évangile de Luc (1 Timothée 5.18 et Luc 10.7), et par les premiers pères de l'Église qui, chronologiquement, étaient les plus proches des évènements et des écrits des Évangiles. Des hommes comme Clément, Papias, Justin le martyr, Polycarpe, Irénée et plusieurs autres, considérés par les experts comme les premiers historiens chrétiens crédibles, ont tous attesté l'authenticité des Évangiles à peine une centaine d'années après Jésus-Christ[43].

Donc, des centaines d'années avant l'empereur Constantin, le choix du Canon des livres authentiques et de ceux qui n'en faisaient pas partie, était déjà solidement ancré[44]. Les règles établies pour reconnaître les Évangiles comme des écrits inspirés étaient très strictes[45]. Ils devaient répondre à de nombreux critères que je résumerai de la façon suivante :

1. Le critère de l'apostolat

2. Le critère de la conformité à l'ensemble des écrits reconnus

3. Le critère de la corrélation, de la confirmation et de l'acceptation

À présent, regardons chacun d'eux en détail.

1. Le critère de l'apostolat : Le livre était-il écrit par un témoin oculaire ou un apôtre ayant côtoyé le Christ ?

C'est un critère de grande importance. Le livre devait être écrit, sanctionné ou appuyé par un apôtre. Matthieu, Pierre et Jean sont des apôtres et témoins oculaires de Christ. Marc est très intimement et historiquement lié à Pierre. Luc a voyagé avec Paul et était son associé[46]. Un grand nombre « d'évangiles » et autres textes de l'époque furent refusés simplement parce qu'ils avaient été écrits trop tard pour se conformer à cette authenticité apostolique.

2. Le critère de la conformité à l'ensemble des écrits reconnus : Le livre était-il conforme aux règles, doctrines et enseignements de la foi, de l'Ancien Testament et du Nouveau Testament ?

Comprenez-moi. C'est une des constatations les plus excitantes que les étudiants de la Bible peuvent faire. Les évangiles du Nouveau Testament sont magnifiquement et surnaturellement en conformité avec l'ensemble des livres de l'Ancien Testament, pourtant écrits des siècles auparavant ! Certains théologiens, spécialistes de l'eschatologie (la science de la théologie des prophéties relative à l'Histoire et au futur), ont écrit d'impressionnants volumes qui répertorient minutieusement des centaines de prophéties détaillées à propos de Christ dont plusieurs se trouvent dans l'Ancien Testament et qui se sont accomplies de façon précise, indiscutable et inexplicable dans des évènements décrits dans les Évangiles du Nouveau Testament ! Les accomplissements si précis de ces prophéties étaient, dans des centaines de cas, totalement hors du contrôle de ceux qui les accomplissaient !

Jésus-Christ est la Parole Vivante du Nouveau Testament et sa venue comme Messie est en fait le point culminant de l'Ancien Testament. Nous ne devrions pas alors être surpris de l'abondance des prophéties à son sujet dans les livres de l'Ancien Testament qui s'accomplissent majestueusement et surnaturellement dans le Nouveau[47]. Le nombre, la nature et la précision de ces prophéties font en sorte qu'il était absolument impossible pour Jésus de « conspirer » ou de délibérément essayer de les accomplir. Je vous en présente quelques-unes.

Les écrits de l'Ancien Testament prédisent :

- que le Messie serait de la descendance d'Abraham, d'Isaac et de Jacob (annoncé dans Genèse 12.3 & 17.9 et accompli dans Matthieu 1.1-2 et Actes 3.25) ;

- qu'il naîtrait à Bethléem (annoncé dans Michée 5.2 et accompli dans Matthieu 2.1 & 6) ;

- qu'il serait crucifié avec des criminels (annoncé dans Ésaïe 52.12 et accompli dans Matthieu 27.36) ;

- que ses mains et ses pieds seraient percés à la croix (annoncé dans Psaumes 22.6 et accompli dans Jean 20.25) ;

- que des soldats «tireraient au sort» pour partager ses vêtements après sa mort (annoncé dans Psaumes 22.18 et accompli dans Matthieu 27.35) ;

- qu'il serait «percé» dans le côté du corps (annoncé dans Zacharie 12.10 et accompli dans Jean 19.34) ;

- qu'aucun de ses os ne serait brisé après sa mort (annoncé dans le Psaume 34.20 et accompli dans Jean 19.33 & 37) ;

- que son sépulcre serait trouvé parmi les riches (annoncé dans Ésaïe 53.9 et accompli dans Matthieu 27.57-60).

Il y a des centaines de prophéties messianiques. Nombre d'entre elles semblaient irréalisables, inconcevables pour ceux qui les ont écrites cinq à huit cents ans avant la venue de Christ. Les prophètes écrivaient souvent des choses qui prédisaient des évènements qui allaient foncièrement à l'encontre de tout ce qu'ils connaissaient: Bethléem est la dernière ville qu'ils auraient choisie. Le Roi Messie n'aurait jamais été, selon eux, associé à des criminels ou crucifié. Les os des crucifiés étaient toujours brisés. Celui qui aurait mené une vie où «il n'avait pas d'endroit où reposer la tête» aurait du être enterré avec les pauvres dans la fosse commune[48].

Les nombreux enchaînements de circonstances et d'événements nécessaires à l'accomplissement systématique et ahurissant des centaines de prophéties bibliques font écarquiller les yeux des chercheurs et des historiens depuis des siècles ! Jésus lui-même a fait des prédictions saisissantes et humainement irréalisables concernant le futur. Plusieurs d'entre elles stipulaient qu'elles s'accompliraient du vivant de ceux mêmes qui entendraient ces prophéties. Christ a, par exemple, annoncé (à la stupéfaction et l'incompréhension de ses disciples qui voyaient en lui au départ un roi humain, un conquérant militaire ou un réformateur social), sa propre mort et sa résurrection (Jean 2.19-22). Jésus a prédit, avec une précision surnaturelle et divine, des centaines d'évènements depuis la croix jusqu'à notre époque moderne. Des millions de personnes au fil des siècles sont devenues chrétiennes en étudiant ces prophéties.

Un sceptique devient défenseur de la foi!

Lee Strobel était un de ces sceptiques. Il reçut son diplôme en droit de la très prestigieuse *Yale Law School* avec mention d'honneur. Pendant plusieurs années, il fut l'un des journalistes les plus durs, intègres, et sans compromis que les États-Unis aient connus. Ses dossiers d'enquête et ses articles-choc publiés dans le célèbre *Chicago Tribune*, partout en Amérique du Nord et dans le monde anglophone, lui ont valu plusieurs prix journalistiques. Aujourd'hui, c'est un des auteurs chrétiens en apologétique (défense et établissement des preuves factuelles et historiques du Christianisme) les plus prolifiques et respectés de ce continent. Ses livres sont des best-sellers. Il rencontre les premiers ministres et présidents du monde entier et siège sur de nombreux conseils d'administration pour des organismes humanitaires et des organisations caritatives de grande envergure[49].

Lisez-le bien alors qu'il présente son ouvrage *Jésus: la parole est à la défense* pour lequel il a obtenu le «*Gold Medallion Book Award*» décerné annuellement aux livres les plus vendus et qui ont le plus d'impact[50]. Vous allez constater qu'il a entièrement conservé ses instincts et les caractéristiques de sa formation de journaliste enquêteur. Lisez attentivement ce journaliste de carrière, devenu croyant convaincu et apôtre moderne. Son témoignage est représentatif de tant d'autres qui, après des années d'athéisme ou de scepticisme nourries par les *Code Da Vinci* de toutes les époques, ont finalement décidé de faire leur «enquête» sur la Bible pour en avoir le cœur net.

Réouverture de l'enquête de toute une vie

Dans le jargon des procureurs, la tentative de meurtre attribuée à James Dixon était une «affaire dans le sac», courue d'avance. Même un coup d'œil superficiel aux pièces suffisait à établir que Dixon avait abattu l'officier de police Richard Scanlon d'un coup de fusil à l'abdomen au cours d'une bagarre dans les quartiers sud de Chicago.

Pièce par pièce, point par point, témoin après témoin, les preuves se resserraient comme un nœud coulant autour du cou de Dixon. Il y avait des empreintes digitales et une arme, des témoins oculaires et un mobile, un flic blessé et un accusé avec un passé de violence. La justice criminelle était prête à faire basculer la trappe où Dixon devait tomber, jambes ballantes, entraîné par le poids de sa culpabilité.

Les faits étaient simples. Le sergent Scanlon s'était précipité au 108 West Place suite à l'appel d'un voisin signalant un homme armé. A son arrivée Scanlon avait trouvé Dixon en train de se disputer bruyamment avec sa petite amie à la porte de chez elle. Le père de celle-ci était sorti quand il avait aperçu Scanlon, pensant qu'il ne risquait plus rien.

Dixon et le père en étaient soudain venus aux mains, et le policier était rapidement intervenu pour essayer de mettre un terme à la bagarre. Un coup de feu avait retenti. Scanlon s'était éloigné en titubant, atteint à la taille. C'est alors que deux autres voitures de police étaient arrivées dans un crissement de pneus, et les policiers s'étaient précipités pour maîtriser Dixon.

On avait retrouvé non loin de là un fusil de calibre vingt-deux, appartenant à Dixon et apparemment jeté là après lui avoir servi, couvert de ses empreintes digitales, et dont une balle avait été tirée. Le père n'était pas armé, et le revolver de Scanlon était resté dans son étui. Des brûlures de poudre sur la peau de Scanlon démontraient qu'on lui avait tiré dessus de très près.

Par bonheur sa blessure n'était pas mortelle, quoique suffisamment grave pour lui valoir une médaille de bravoure, fièrement épinglée sur sa poitrine par le chef de la police en personne. Quant à Dixon, la police avait découvert à la lecture de son casier judiciaire, qu'il avait déjà été condamné pour avoir tiré sur quelqu'un. Apparemment, il avait des penchants violents.

Presque un an plus tard, je me trouvais assis dans une salle d'audience à peu près déserte, à prendre des notes pendant que Dixon reconnaissait publiquement avoir tiré sur ce policier qui avait quinze ans de service derrière lui. Cette confession venait couronner la montagne des autres preuves. Le juge de la cour de justice criminelle, Frank Machala, avait ordonné la prison et clos le procès de quelques coups de maillet. Justice était faite.

J'avais glissé mon calepin dans la poche intérieure de mon blouson tout en descendant d'un pas tranquille vers la salle de presse. Je m'étais dit que mon rédacteur en chef m'accorderait tout au plus trois paragraphes pour rapporter cette histoire dans le Chicago Tribune du lendemain. Et ça ne valait pas davantage. Il n'y avait pas grand chose à dire. Ou du moins je le croyais.

Un informateur me souffle ses renseignements

Dans la salle de rédaction, j'avais décroché le téléphone et instantanément reconnu la voix d'un informateur que j'avais cultivé pendant toute l'année où j'avais couvert le département des affaires criminelles. Je savais qu'il était en train de m'indiquer un coup fumant, car plus le tuyau était important plus il parlait vite et bas, et là il chuchotait à toute vitesse : « Lee, tu connais l'affaire Dixon ?

— Bien sûr, ai-je répondu. Je l'ai couverte il y a deux jours. De la routine.

— Méfie-toi. On raconte que quelques semaines avant qu'on lui tire dessus, le sergent Scanlon se trouvait dans une soirée et exhibait à la ronde son stylo à balles.

— Son quoi ?

Son stylo à balles. C'est un pistolet de calibre vingt-deux en forme de stylo. C'est une arme illégale, même pour les flics. »

Son ton se fit encore plus animé quand je lui dis que je ne voyais pas le rapport.

« Le rapport, il est là : Dixon n'a pas tiré sur Scanlon. Scanlon s'est blessé tout seul avec son stylo dans la poche de sa chemise. Un accident. Il a fait porter le chapeau à Dixon pour éviter d'être poursuivi pour port d'arme prohibée. Tu piges ? Dixon est innocent !

— *Impossible!*

Reprends les pièces du dossier, m'avait-il répondu, et regarde où elles mènent réellement.»

J'avais raccroché et foncé à l'étage du bureau du procureur. Après une petite pause pour reprendre mon souffle, j'étais entré tranquillement et j'avais demandé d'un ton détaché — ne voulant pas me découvrir prématurément — si je pouvais reprendre les détails de l'affaire une dernière fois.

Il avait blêmi et bredouillé qu'il ne pouvait pas parler de ça : « Rien à dire ».

Il s'avéra que mon informateur avait déjà communiqué ses soupçons au bureau du procureur. On était en train de convoquer un jury d'assises en coulisses, afin de réexaminer les faits. D'une manière étonnante et inattendue, on était en train de rouvrir le dossier d'accusation naguère bétonné de James Dixon.

Une hypothèse renouvelée par des faits nouveaux

Parallèlement, j'avais mené ma propre enquête sur les lieux du crime en interrogeant des témoins, en parlant avec Dixon et en passant en revue les preuves matérielles. Au fur et à mesure de ma vérification du dossier il s'était passé une chose très étrange : tous les faits nouveaux que je mettais à jour, et même les anciennes pièces à conviction qui, auparavant, désignaient si clairement Dixon comme coupable, s'adaptaient parfaitement à l'hypothèse du stylo à balles.

• *Selon certains témoins oculaires, Dixon avait frappé la porte de la maison de sa petite amie avec son fusil avant l'arrivée de Scanlon. Un coup était parti vers le sol. Or il y avait dans le ciment de la véranda un éclat pouvant résulter d'un impact de balle. Ce qui pouvait expliquer la balle manquante dans l'arme de Dixon.*

• *Dixon disait qu'il ne voulait pas se faire prendre une arme à la main, aussi l'avait-il cachée dans l'herbe de l'autre côté de la rue avant l'arrivée de la police. J'ai trouvé un témoin qui me l'a confirmé. Cela expliquait le fusil retrouvé à quelque distance du lieu de la fusillade, même si personne n'avait vu Dixon le jeter.*

- *Les brûlures de poudre étaient concentrées à l'intérieur de la poche de chemise gauche de Scanlon - mais pas par-dessus. Le passage de la balle se trouvait au fond de la poche. Conclusion : d'une façon ou d'une autre une arme s'était déclenchée de l'intérieur de la poche.*

- *Contrairement aux affirmations du rapport de police, la trajectoire de la balle était orientée vers le bas. Sous le niveau de la poche, la chemise montrait une déchirure tachée de sang, à la sortie de la balle qui avait traversé un peu de chair.*

- *Le casier judiciaire de Dixon ne disait pas tout. Il avait bien passé trois ans en prison pour une autre fusillade, mais la cour d'appel l'avait remis en liberté après avoir conclu à une erreur judiciaire. Il s'était avéré que la police avait dissimulé un témoignage clé pour la défense, et qu'un témoin avait menti. Et voilà pour les tendances violentes de Dixon.*

Libération d'un innocent

Pour finir j'ai posé à Dixon la question essentielle : s'il était innocent, pourquoi diable avait-il plaidé coupable ?

Dixon avait soupiré. « C'était un marché », disait-il, faisant allusion à la pratique selon laquelle les parties civiles recommandent une peine allégée quand l'accusé plaide coupable, afin de réduire pour tout le monde la durée et les frais d'un procès.

« Ils m'ont dit que si je plaidais coupable on me condamnerait à un an de prison. Comme j'y avais déjà passé trois cent soixante-deux jours à attendre mon procès, je n'avais qu'à reconnaître les faits pour rentrer chez moi au bout de quelques jours. Tandis que si j'insistais pour avoir un vrai procès et que le jury me déclarait coupable... ils me chargeaient et me mettaient vingt ans pour avoir tiré sur un flic. Le jeu ne valait pas la chandelle, et puis j'avais envie de rentrer...

— Alors, dis-je, vous avez reconnu un acte que vous n'aviez pas commis.

— C'est ça. »

107

Finalement, Dixon avait été innocenté et avait porté plainte par la suite contre les services de police. Scanlon avait perdu sa médaille, était passé en jugement devant un jury de cour criminelle en plaidant coupable pour faute professionnelle et on l'avait limogé du service. Quant à moi, mes papiers s'étalaient en pleine une. Mais le plus important, c'était que j'en avais tiré des leçons très importantes pour un jeune journaliste.

Parmi les plus évidentes, j'avais appris qu'on peut faire parler une pièce à conviction de plusieurs manières. Ainsi, il avait été facile de rassembler suffisamment d'éléments de preuve pour convaincre Dixon d'agression armée contre le sergent, mais les véritables questions étaient les suivantes : avait-on vraiment réuni toutes les preuves ? Quelle explication collait le mieux à la totalité des faits ? Quand l'hypothèse du stylo à balles était apparue, il était devenu clair que ce scénario-là rendait compte au mieux de la totalité des éléments de preuve.

Autre leçon : une des raisons pour lesquelles les éléments de l'enquête me paraissaient tellement convaincants était qu'ils satisfaisaient mes idées préconçues du moment. A mes yeux, Dixon avait tout d'un fauteur de troubles, d'un raté, produit désœuvré d'une famille désunie. Les flics étaient les bons. L'accusation ne se trompait jamais.

Vus à travers ces prismes, tous les éléments de preuve du début avaient paru former un tout harmonieux. J'avais naïvement gommé les incohérences ou les vides. J'avais cru la police sur parole quand elle m'avait dit que le cas était net et sans failles, sans chercher plus loin.

Mais une fois changé de lunettes – après avoir échangé mes préjugés pour un effort d'objectivité – l'affaire m'est apparue sous un éclairage tout neuf. Et j'ai fini par laisser les preuves me conduire à la vérité sans me préoccuper de savoir si elles correspondaient à mes a priori du début.

Il y a plus de vingt ans de cela. Et de bien plus grandes leçons m'attendaient encore.

De Dixon à Jésus

Si j'ai rapporté cette affaire inhabituelle, c'est parce que d'une certaine manière mon itinéraire spirituel ressemble beaucoup à mon expérience avec James Dixon.

Pendant la plus grande partie de ma vie, j'ai été un sceptique. En fait, je me considérais comme athée. Tout, à mes yeux, démontrait que Dieu n'était que le résultat d'un désir illusoire, d'une mythologie antique, d'une superstition primitive. Comment imaginer un Dieu d'amour qui expédie les gens en enfer uniquement parce qu'ils ne croient pas en lui? Comment les miracles pouvaient-ils enfreindre les lois de base de la nature? L'évolution ne suffisait-elle pas amplement à expliquer les origines de la vie? Le raisonnement scientifique ne chassait-il pas toute croyance dans le surnaturel?

Quant à Jésus, ne savait-on pas qu'il n'avait jamais prétendu être Dieu? Un révolutionnaire, un sage, un Juif iconoclaste, oui. Mais Dieu? Non, il n'y avait jamais pensé! Je pouvais vous indiquer une foule de professeurs d'université qui le disaient et ils étaient bien dignes de confiance, non? Il fallait se rendre à l'évidence, même un examen superficiel des éléments démontrait que Jésus n'avait été qu'un être humain comme vous et moi, quoique doué d'une bonté et d'une sagesse hors du commun.

Mais justement, je ne leur avais jamais accordé plus qu'un coup d'œil superficiel. Mes lectures en philosophie et en histoire suffisaient juste à étayer mon scepticisme: un fait par-ci, une théorie scientifique par-là, une citation lapidaire, un argument astucieux. Bien sûr, j'apercevais bien quelques failles et quelques incohérences, mais j'avais un très bon motif de les ignorer: un mode de vie égocentrique et immoral que je serais obligé d'abandonner si je me trouvais amené, par miracle, à changer de point de vue et à devenir disciple de Jésus.

Pour moi, l'affaire était entendue. Il existait suffisamment de preuves pour que je puisse me reposer sur la conclusion que la divinité de Jésus n'étais qu'une chimère née de la superstition populaire.

Tel était du moins mon avis.

Un athée trouve des réponses

Ce n'est pas le coup de téléphone d'un informateur qui m'a poussé à reprendre le procès du Christ. C'est ma femme.

Leslie m'a sidéré, vers l'automne 1979, en m'annonçant qu'elle était devenus chrétienne. J'ai levé les yeux au ciel et je me suis préparé au pire, avec l'impression de m'être fait rouler dans la farine. J'avais épousé une certaine Leslie aventureuse, et j'allais me retrouver – j'en avais bien peur – avec une espèce de puritaine à la vie sexuelle refoulée qui allait remplacer notre mode de vie axé sur la promotion sociale par des nuits de prière et du bénévolat dans des arrières-cuisines de soupes populaire.

Au lieu de cela, j'ai été agréablement surpris, et même fasciné, par les modifications radicales de sa personnalité, son intégrité, sa confiance en elle-même. Finalement, j'ai eu envie de découvrir d'où pouvaient provenir ces changements subtils mais importants dans les comportements de ma femme, et je me suis lancé dans une enquête tous azimuts sur les faits concernant le christianisme.

Repoussant de mon mieux mes intérêts personnels et mes préjugés, j'ai lu des livres, interrogé des spécialistes, posé des questions, analysé l'histoire, exploré l'archéologie, étudié la littérature de l'Antiquité, et, pour la première fois de ma vie, j'ai décortiqué la Bible verset par verset.

Je me suis plongé dans cette affaire plus énergiquement que dans n'importe quel article de ma carrière, à l'aide de ma formation judiciaire reçue à Yale et de mon expérience de chroniqueur judiciaire au Chicago tribune. Et avec le temps, les indices historiques, scientifiques, philosophiques et psychologiques ont commencé à m'orienter vers l'impensable.

On aurait dit une seconde affaire Dixon.

A vous de juger

Peut-être avez-vous basé comme moi votre point de vue spirituel sur les indices observés autour de vous ou glanés il y a longtemps dans les livres, auprès de professeurs de faculté, de parents ou d'amis. Mais votre conclusion fournit-elle la meilleure explication possible de ces indices ? Que trouveriez-vous en poussant plus loin la confrontation entre vos idées préconçues et une recherche systématique des preuves ?

C'est tout le sujet de ce livre. En effet je vais y retracer, en le développant, mon itinéraire spirituel de presque deux ans. Je vous emmènerai avec moi dans mes entretiens avec treize universitaires et experts importants aux compétences incontestables.

J'ai parcouru le pays en tous sens, du nord au sud, de l'est à l'ouest, pour recueillir leurs avis d'experts, les mettre à l'épreuve de mes objections de sceptique, les forcer à défendre leurs points de vue par des faits solides et des arguments convaincants, et les soumettre aux questions que vous pourriez justement leur poser si vous en aviez l'occasion.

Pour cette quête de la vérité je me suis servi de mon expérience de chroniqueur judiciaire pour envisager de nombreuses catégories de preuve : témoignages oculaires, indices documentaires, éléments de confirmation et de contradiction, indices scientifiques, psychologiques, circonstanciels, et même, oui, même les empreintes digitales (étonnant, non ?).

Ce sont exactement les catégories qu'on rencontre dans un prétoire. Et la perspective judiciaire est peut-être la meilleure manière d'envisager le déroulement de cette enquête – avec vous dans le rôle du juré.

Quand on vous choisit pour faire partie d'un jury dans un vrai procès, on vous demande d'affirmer publiquement que vous ne vous êtes pas fait une idée préconçue de l'affaire. On vous demande de vous engager à rester ouvert et juste, à ne tirer de conclusions qu'à partir du poids des faits et non de vos humeurs ou de vos préjugés. On vous exhorte à peser soigneusement la crédibilité des témoins, à passer les témoignages au crible et à soumettre rigoureusement les éléments de preuve à votre bon sens et à votre logique. Je vous demande la même attitude pour lire ce livre.

En fin de compte, il revient aux jurés de donner un verdict. Ce qui ne veut pas dire qu'ils auront une certitude absolue, car rien n'est jamais prouvé à cent pour cent dans la vie. Dans un procès, les jurés sont priés de peser les éléments de preuve pour arriver à la meilleure conclusion possible. Autrement dit, pour en revenir à l'affaire Dixon, quel est le scénario qui colle le mieux aux faits ?

Voilà votre travail. J'espère que vous le prendrez au sérieux, parce que l'enjeu dépasse peut-être la simple curiosité. S'il faut croire Jésus – et je sais que pour le moment le « si » vous paraît sans doute très gros - il devient primordial de savoir ce que vous allez lui répondre[51].*

Je suis entièrement d'accord avec Lee Strobel. Et j'espère que ce livre pourra provoquer en vous une soif d'examiner d'un peu plus près la personne de Jésus-Christ et les évangiles. Des livres à sensation provocants, sans substance et sans preuve comme le *Code Da Vinci,* deviennent rapidement insignifiants lorsque nous les comparons honnêtement avec la personne du Fils de Dieu.

Je me souviens d'une des premières prophéties de Jésus que j'ai lue et qui m'a fasciné, il y a de nombreuses années, alors que je faisais mes premiers pas dans un pèlerinage de foi qui dure depuis vingt-sept ans et qui est devenu une aventure trépidante et extraordinaire. Dans l'évangile de Matthieu, aux versets 1 et 2 du chapitre 24, nous lisons ces mots: «Comme Jésus s'en allait, à la sortie du temple, ses disciples s'approchèrent de lui pour lui en faire remarquer la construction. Mais il leur répondit: voyez-vous tout cela? En vérité, je vous le dis: il ne restera pas ici une seule pierre qui ne soit pas renversée.» Les disciples étaient sans voix! Le temple avait pris plusieurs décennies à construire; il était massif, immense, imprenable, solide et protégé par de puissantes armées. Le temple était l'orgueil de Jésuralem. Ce que Jésus annonçait était risible, absurde, inconcevable, impossible. Dans ces versets, Jésus n'a pas seulement prophétisé que le temple serait détruit, mais que sa ruine serait tellement grande, qu'il ne resterait pas une seule pierre intouchée.

---

* *Jésus: la parole est à la défense,* reproduit avec la permission des Éditions Vida.

L'Histoire rapporte que les paroles de Jésus étaient littéralement considérées comme ridicules par les «experts» de l'époque qui claironnaient l'invincibilité du temple pour les mille ans à venir. Mais en 70 après Jésus-Christ (moins de quarante ans après sa prophétie), chacune de ses paroles s'est accomplie à la lettre. De multiples sources historiques attestent que l'armée romaine, sous le commandement de Titus, a complètement détruit et rasé Jérusalem[52].

Les incendies ont brûlé pendant des mois et les flammes se voyaient nuit et jour à des kilomètres à la ronde. Le feu dévora la ville et le temple. Les flammes éteintes, les soldats romains virent que des tonnes d'or qui avaient fondu pouvaient être recueillies dans les crevasses des blocs du temple détruit, et ils décidèrent de mettre tout en œuvre afin de le récupérer. Alors ils détruisirent le bâtiment, pierre par pierre. Plusieurs parchemins reconnus de l'époque rapportent ces faits très précisément. C'est ainsi que la prophétie de Jésus fut accomplie avec une éblouissante exactitude; il n'y a pas une seule pierre qui ne fut pas renversée[53]. Certaines d'entre elles furent par la suite utilisées à nouveau pour ériger le mur situé tout près de «la Montagne du temple» dans la Jérusalem d'aujourd'hui. Chaque fois que vous voyez des images du Mur des Lamentations (qui est chaque jour visité virtuellement par des milliers d'internautes sur www.thewall.org), vous entendez en fait la voix des évangiles qui annonce leur authenticité surnaturelle, divine et historique.

Le Mur des Lamentations... la voix qui proclame l'authenticité des Évangiles.

En résumé, les textes des évangiles ont été soumis à des critères très rigoureux. Récapitulons ensemble :

1. Le critère de l'apostolat: Le livre était-il écrit par un témoin oculaire ou un apôtre ayant côtoyé le Christ?

2. Le critère de la conformité à l'ensemble des écrits reconnus: Le livre était-il conforme avec les règles, doctrines et enseignements de la foi, de l'Ancien et du Nouveau Testaments?

Passons maintenant au troisième critère auquel les évangiles devaient répondre pour être authentifiés.

3. Le critère de la corrélation, de la confirmation et de l'acceptation : Le livre était-il reconnu par les vrais experts, les pères de la foi et fondateurs de l'Église les plus proches chronologiquement et les plus qualifiés moralement, éthiquement et historiquement ?

Les quatre évangiles choisis étaient en absolue corrélation, reconnus et approuvés par les quatre centres d'émergence du Christianisme initial : Jérusalem, Antioche, Alexandrie et Rome[54]. Des dizaines de leaders historiques crédibles, qui ont vécu entre 95 et 170 après Jésus-Christ, confirment leur fiabilité[55]. Il est absurde et sans fondement historique de prétendre que l'empereur Constantin, des centaines d'années plus tard, ait sélectionné les livres qui sont devenus notre Bible moderne par intérêt politique, et qu'en passant il ait décidé de promouvoir le Christ de «grand homme» qu'il était au statut de Fils de Dieu !

Les docteurs James Garlow et Peter Jones de l'université de Princeton répondent ainsi aux énoncés farfelus de Dan Brown : «L'histoire est claire et indiscutable. Les évangiles étaient établis des centaines d'années avant Constantin. Les évangiles ne furent pas questionnés mais plutôt établis, confirmés et défendus par les Pères de l'Église. Dans le *Code Da Vinci*, Constantin est victime de l'une des pires falsifications historiques que nous n'ayons jamais vues autant dans des œuvres de fiction que de non-fiction. Depuis des siècles, Jésus était établi Fils de Dieu et les évangiles étaient reconnus et Constantin n'a rien eu à y voir. La Bible a continué d'être la même après lui. Constantin n'a jamais commandé de Bible patriarcale ni même eu quelque influence que ce soit sur les textes des Écritures reconnues.»[56]

Les historiens sont unanimes. L'empereur romain Constantin (325 après Jésus-Christ) n'a jamais aboli «l'adoration matriarcale des déesses» pour, par la suite, faire un amalgame de nouveaux évangiles dans le but de faire une propagande qui diabolisait le Sacré Féminin. Rien dans l'Histoire ne donne le moindre indice, la moindre trace de preuve à cette chimère. Constantin s'est converti au christianisme et a ordonné la cessation de la persécution meurtrière des chrétiens[57]. Personne ne peut déterminer le degré et la profondeur de l'authenticité de sa marche chrétienne, mais il a demandé et reçu le baptême un peu avant sa mort selon les coutumes de l'époque[58].

Les évangiles secrets...dévoilés

Les évangiles secrets (aussi appelés gnostiques ou coptes) ont commencé à apparaître des centaines d'années plus tard. Ils étaient en contradiction directe avec plusieurs des doctrines et fondements des évangiles. Ces textes forment une espèce de «pizza ésotérique toute garnie», truffée de contradictions et empruntant des ingrédients de mille et une expériences mystico-religieuses. Certains rejettent l'Ancien Testament, la Genèse, les standards moraux des Évangiles ou la déité de Christ. Ils redéfinissent Jésus et prônent des expériences sexuelles multiples et hors normes comme source de «gnosis», d'expériences pseudo-religieuses[59]. Il est vraiment bizarre que Dan Brown ait basé toute sa théorie «d'émancipation de la femme» et de «restauration de l'adoration des déesses féminines» sur ces textes qui sont souvent insultants, pédants, et violemment avilissants pour la femme[60]!

Les cinquante-deux textes gnostiques se moquent continuellement du Dieu créateur et le décrivent comme un idiot aveugle. Pour la plupart des «évangiles secrets», le Seigneur est le suprême oppresseur. Ces textes méprisent la dignité humaine, le mariage et le rôle de la mère. L'auteur Duncan Greenlees, un gnostique moderne, promoteur de philosophies gnostiques païennes et occultes, donne des conférences sur les origines de ce système de pensée ainsi que sur le Nouvel Âge. Il n'a aucun désir ou intérêt à être associé ou à défendre le christianisme traditionnel moderne. Il se déclare contre l'Église.

Son évaluation et sa perspective sur «les évangiles secrets» et le gnosticisme offrent une réponse objective et sans doute surprenante pour Dan Brown à la question: «La philosophie gnostique est-elle simplement une autre forme valide de christianisme qui a été délibérément étouffée par des mâles chauvinistes assoiffés de contrôle et de domination au IVᵉ siècle?»

Greenlees écrit que «le gnosticisme des 'évangiles secrets' n'a absolument rien en commun avec le christianisme historique. C'est plutôt un système de connaissances basé sur des expériences diverses avec tout ce qui représente le divin, l'âme et l'univers. Au cours des premiers siècles de notre époque, face au christianisme qui s'étendait sur la terre, le gnosticisme a emprunté et récupéré certains accents, certains termes et certaines formes de la foi chrétienne parmi des dizaines d'autres sources de connaissance absolue. Il est essentiel de comprendre que les textes coptes et la véritable 'gnosis' (connaissance) ancienne et moderne en rejettent la plupart des croyances spécifiques. Son langage peut parfois ressembler à certaines dimensions de la foi chrétienne alors que son esprit, son essence et sa source, sont trouvés dans le paganisme ancien.»[61]

Nous avons un choix à faire. Les divagations du *Code Da Vinci* sont basées sur des documents bizarres, mystiques, ésotériques, sans crédibilité historique, écrits des centaines d'années après les faits et n'ont absolument rien à voir avec les Évangiles trouvés dans la Bible ni même avec l'Histoire vérifiée et avérée. Il est important pour nous tous de réaliser que tout ce qui appartient au passé et que nous tenons pour «vrai» nous provient de documents archivés et répertoriés par l'Histoire. Nous devons comprendre que les manuscrits que Dan Brown remet en question dans le *Code Da Vinci* sont soutenus et confirmés historiquement de façon bien plus solide que n'importe quelle œuvre de littérature classique incluant celles d'Homère, de Platon, d'Aristote, de César ou Tacite[62].

Il existe actuellement plus de cinq mille copies des textes du Nouveau Testament et près de vingt mille autres documents et traductions confirmés en latin, en copte ou en syriaque. Un grand nombre d'historiens croient fermement que certains des fragments lisibles de ces manuscrits peuvent provenir d'une période aussi proche des faits que celle où vécut Jésus, c'est-à-dire de la seconde moitié du Ier siècle[63]. Cette réalité est extraordinaire lorsqu'on considère que seulement sept des écrits de Platon subsistent aujourd'hui et que 1 300 ans séparent les copies les plus anciennes des originaux[64] ! Pourtant, personne ne les met en doute !

Il est également impressionnant de constater que les textes du Nouveau Testament ont été vérifiés, étudiés, comparés et examinés à la loupe depuis des siècles et que les historiens, lorsqu'ils comparent les premiers manuscrits aux copies des siècles ultérieurs, y trouvent une remarquable exactitude[65]!

Lorsque le *Code Da Vinci* « largue des bombes » par centaines du genre « la Bible est un produit des hommes, ma chère, pas de Dieu... elle a évolué et changé à travers des multitudes de traductions, d'additions, et de révisions. L'Histoire n'a jamais eu une version définitive du livre » (page 231), il fait preuve de malhonnêteté et d'un manque de rigueur intellectuelle et historique. Avez-vous déjà entendu quelqu'un, avant ou depuis le *Code Da Vinci*, dire quelque chose comme « les documents de la Bible sont depuis des siècles remplis de contradictions! » ?

Le docteur Ron Rhodes, expert en théologie cité internationalement et professeur de bibliologie et de théologie dans des universités comme *Biola* ou *Dallas Theological Seminary*, confronte la théorie des « contradictions dans les manuscrits » par ces mots :

> *« Que dire des variantes qui existent entre les manuscrits ? La recherche de l'ensemble des historiens crédibles nous permet de constater que les manuscrits du Nouveau Testament sont remarquablement précis et fiables au fil des siècles. Plus de 99% des variantes n'ont virtuellement aucune signification. La majorité implique une lettre manquante dans un mot. D'autres sont simplement la permutation de deux mots comme "Jésus-Christ" par "Christ Jésus". Les variations n'altèrent jamais la doctrine, le sens ou les commandements moraux de la foi chrétienne. Une lettre ou des mots manquants dans une phrase de 1% des documents ne change absolument pas l'incontournable unité thématique et exactitude des manuscrits du Nouveau Testament. »*[66]

Laissez-moi vous illustrer le genre de « variante » dont il est question, dans approximativement 1% des manuscrits du Nouveau Testament. Supposons que nous ayons cinq copies d'un manuscrit écrites à différentes époques et différentes les unes des autres. Un personnage du *Code Da Vinci* dirait à leur sujet : « Elles sont criblées d'erreurs, de contradictions et de faussetés! » Notre but est de comparer les copies afin d'estimer si elles sont conformes au manuscrit original.

Manuscrit original : Jésus-Christ est le Sauveur du monde.

Copie n° 1 : Jésus-Christ est le Sauveur du monde entier

Copie n° 2 : Christ Jésus est le Sauveur du monde

Copie n° 3 : Christ est le Sauveur du monde

Copie n° 4 : Jésus est le Sauveur du monde

Copie n° 5 : Christ Jésus est le Sauveur du monde entier

Pourriez-vous en comparant ces textes, établir avec un haut degré de certitude ce que l'original déclare et si les autres « bourrés d'erreurs » lui rendent justice ? Bien sûr que oui. Cette illustration peut paraître simpliste mais la presque totalité des « variantes » des manuscrits des Évangiles peuvent être résolues par cette méthodologie d'étude et d'évaluation élémentaire. En comparant les manuscrits, il est devenu évident pour les scientifiques et historiens de toutes les époques, que la Bible est un document comme aucun autre.

Dan Brown et son *Code Da Vinci* affichent une suffisance, une condescendance et un mépris à l'égard de la Bible, qui contrastent de façon saisissante avec une multitude de grands penseurs et grands auteurs des derniers siècles. Voyez ce que certains des cerveaux les plus brillants parmi les écrivains, philosophes et scientifiques influents de l'ère moderne pensent de la Bible :

Blaise Pascal : *« Sans les Écritures, nous ne connaissons rien et ne voyons qu'obscurité et confusion dans la nature de Dieu et dans notre propre nature. »*

Victor Hugo : *« Il y a un livre qui contient toute la sagesse humaine éclairée par toute la sagesse divine, un livre que la génération du peuple appelle Le Livre, la Bible... ensemencez les villages d'évangiles. Une Bible par cabane ! »*

Emmanuel Kant : *« La Bible mise à la portée de tous est le plus grand bienfait qu'ait pu connaître la race humaine. Toute atteinte contre elle est un crime contre l'humanité. »*

Goethe : *« Que le monde progresse tant qu'il veut, que toutes les branches des connaissances humaines se développent au plus haut degré, rien ne remplace la Bible, base de toute éducation. »*

Albert Einstein : « *Personne ne peut lire les évangiles sans ressentir la présence réelle de Jésus. Sa personnalité vibre dans chaque mot. Aucun mythe ne peut contenir une telle présence vivante.* »

Samuel F.B. Morse : « *Plus j'approche de la fin de mon pèlerinage, plus l'évidence de l'origine divine de la Bible est claire, la grandeur et la sublimité du remède que Dieu pourvoit pour l'homme déchu sont plus appréciés et le futur est illuminé par l'espoir et la joie.* »[67]

Rudy Guiliani, maire de New York lors de la tragédie du 11 septembre 2001 : « *Les évangiles et la Bible sont un compas, une source de sagesse et de force et une lumière dans mes jours les plus sombres. Les principes de la Bible sont les fondements des Grandes Civilisations Modernes.* »[68]

La Bible est un livre unique. C'est la révélation de Dieu faite aux hommes. Je vais peut-être vous surprendre ou provoquer un sourire narquois, mais j'aimerais conclure ce chapitre avec une citation de l'actrice américaine Michelle Pfeiffer! Je vous accorde qu'elle n'est peut-être pas une des sommités philosophiques de notre époque, mais si vous jetez un coup d'œil sur leurs photos respectives, elle est plus jolie que Victor Hugo ou Albert Einstein! Elle fait preuve d'une grande perspicacité lorsqu'elle dit: «La Bible est le seul livre que presque personne ne lit, mais sur lequel tout le monde a une opinion!»[69] Le prophète Ésaïe, un des auteurs trouvés dans la Bible, ajoute ceci: «L'herbe sèche, la fleur tombe (les *Code Da Vinci* disparaissent...) mais la Parole de notre Dieu subsiste éternellement.»[70]

chapitre 5

La misanthropie et la méchanceté de l'Église chrétienne selon le Code Da Vinci

« Son agresseur pointa de nouveau le pistolet vers lui. –
Après votre disparition je serai le seul à connaître la vérité.
La vérité. Le vieux conservateur comprit aussitôt
toute l'horreur de la situation. Si je meurs, la vérité sera
à jamais perdue. Dans un sursaut instinctif,
il tenta de se mettre à l'abri. Il entendit partir le coup étouffé
et une douleur fulgurante lui transperça l'estomac.
Il s'effondra à plat ventre, puis réussit
à se redresser pour ne pas perdre de vue son assassin,
qui rectifia son angle de tir, visant la tête cette fois…

Le clic de la détente résonna dans le chargeur vide. Saunière
rouvrit les yeux. L'albinos jeta sur son arme un regard
presque amusé. Il hésita à sortir un second chargeur
mais se ravisa et, avec un rictus méprisant dirigé
vers la chemise ensanglantée de Saunière, il lança :
- J'ai accompli mon travail…

Cette nuit Silas avait enfin le sentiment de commencer
à rembourser sa dette. Il ouvrit le dernier tiroir
de la commode, en sortit le téléphone mobile
qu'il y avait caché, et composa un numéro.

– Oui ? répondit une voix masculine.
– Je suis rentré, Maître. – Parle, ordonna la voix
qui semblait heureuse de l'entendre.
– Tous les quatre ont été supprimés… Le Maître garda le
silence, comme grisé par les vapeurs d'un triomphe

> *aussi complet. Puis il poursuivit :*
> *- Tu as rendu un grand service*
> *à la cause de Dieu, Silas. Cela fait des siècles*
> *que nous attendons ce moment…»* [1]
> Dan Brown dans le Code Da Vinci

> *«À la vue des foules, Jésus fut ému de compassion parce*
> *qu'elles étaient épuisées et abattues comme des brebis*
> *abandonnées. Jésus leur dit :*
> *"Venez à moi vous tous qui êtes chargés*
> *et je vous donnerai du repos".»* [2]
> Paroles de Jésus dans l'Évangile de Matthieu

> *«Pierre et Jean montaient au temple ensemble, à l'heure de*
> *la prière. Or, on y apportait un homme handicapé qui*
> *souffrait depuis sa naissance. Pierre, de même que Jean,*
> *fixa les yeux sur lui et dit : "Regarde vers nous… je n'ai ni*
> *argent ni or, mais ce que j'ai, je te le donne…"»*
> Les premiers disciples de Jésus répondant à son appel
> dans les Actes des Apôtres [3]

Le dictionnaire définit la misanthropie dans sa forme première comme étant «l'aversion, la méchanceté, l'indifférence ou la haine des êtres humains.» [4] Le *Code Da Vinci* nous lance en plein visage l'image d'une Église pourrie par la misanthropie la plus méprisable. Le livre commence avec un meurtrier albinos qui assassine froidement ses victimes au nom de la foi et sous les félicitations chaleureuses de leaders religieux corrompus et sans scrupules ! Au fil du roman, Dan Brown dépeint une Église qui se comporte comme la mafia ou les pires dictateurs et despotes meurtriers que vous pouvez imaginer. Le *Code Da Vinci* présente, page après page, une Église qui ment, tue, vole, engage des tueurs à gages, torture, assassine depuis des siècles des millions de personnes, manipule et fait tout ce qui est en son pouvoir afin de garder les multitudes dans la souffrance et le mensonge.

Le lecteur termine le livre avec un dégoût profond pour une Église aussi méchante, aussi laide et incapable de la moindre considération ou compassion pour qui que ce soit. Elle est impitoyable, infecte et inutile. La «Doctrine Da Vinci» provoque notre consternation, notre colère et notre indignation en nous présentant une Église qui, à travers toute son histoire jusqu'à aujourd'hui, écrase les plus faibles et viole les droits des plus démunis et des opprimés.

Selon l'auteur, l'Église chrétienne est unidimensionnelle; elle n'est que cruauté, violence, fraude et bêtise. Mais les évangiles décrivent très souvent la promesse de Jésus à son sujet: «*Je bâtirai mon Église et les forces du mal, de la mort, de la méchanceté, de tout ce qui est destructeur et qui tient l'être humain captif ne pourront pas la vaincre.*»[5] Du début à la fin de son ministère public et dans tout son message, Jésus a incarné l'amour, l'a enseigné et a appelé ses disciples à être comme lui. Les évangiles nous révèlent qu'il était «ému de compassion» pour ceux qui souffrent. Cette expression est magnifique. Le terme «splaggizomai» dans le grec, vient de deux mots dont les racines signifient pour l'un «intérieur» et pour l'autre «remuer, bouger ou action». La compassion selon Jésus, c'est être remué à l'intérieur de soi au point d'être poussé à agir; c'est se mettre en mouvement afin de faire quelque chose[6].

Dieu devient homme

La pensée et la réalité théologique de l'incarnation c'est que Dieu souffrait tellement de voir le tourment de l'humanité qu'il «s'est fait chair». Il est devenu entièrement homme tout en demeurant entièrement Dieu, pour venir parmi les hommes afin de les sauver, les racheter, les libérer et donner la possibilité bien réelle à chaque être humain d'entrer en communion avec lui pour la durée de sa vie sur terre et dans l'éternité. L'évangile de Luc nous rappelle ce qui a provoqué la venue de Jésus sur terre: «*C'est à cause de l'ardente miséricorde de Dieu (des entrailles de compassion de Dieu). C'est par elle que le soleil levant nous visitera d'en haut pour éclairer ceux qui sont assis dans des ténèbres, de l'ombre de la mort, afin qu'ils puissent trouver des chemins de paix.*»[7]

Le texte biblique explique en fait que Dieu avait «tellement mal à l'intérieur de lui» de nous voir souffrir, qu'il devait faire quelque chose qui mettrait le comble à son amour. Il décida de venir lui-même littéralement prendre nos douleurs, nos péchés, nos captivités et ce qu'il y a de pire en nous. La Bible enseigne:

«Il a été tenté en toutes choses afin de secourir ceux qui sont tentés.»[8] Jésus était «splaggizomai», ému de compassion à chaque instant, des premiers balbutiements prophétiques annonçant sa venue sur terre des centaines d'années avant sa naissance, à chaque iota de son modèle et de son ministère terrestres, de son dernier souffle à la croix jusqu'à son message ultime à ses disciples qui débutèrent l'Église chrétienne historique.

Lorsque le prophète Michée annonce son lieu de naissance plus de cinq cents ans avant sa venue miraculeuse, il spécifie : *«Et toi, Bethléhem Éphrata, toi qui es petite parmi les milliers de Juda, de toi sortira pour moi celui qui sauvera le monde car le temps viendra où celle qui doit enfanter, enfantera.»*[9] Il y avait une autre petite ville appelée Bethléhem, mais le prophète annonçait avec une méticuleuse et incroyable exactitude que le Fils de Dieu naîtrait à Bethléhem Éphrata. La combinaison de ces noms signifie dans leur étymologie et leur sens original «la maison du pain et le lieu du vin[10].» Sans saisir l'ampleur, la merveilleuse profondeur et la portée rédemptrice de ces mots, le porte-parole de Dieu annonçait la «compassion» de Christ. Jésus ne vint pas seulement pour donner un message philosophique et moral, il vint afin de devenir littéralement le pain et le vin. Il est né pour agoniser et livrer sur une croix son corps et son sang pour mettre fin à notre souffrance !

Dans les évangiles, lorsque nous lisons que l'enfant Jésus nouveau-né fut «emmailloté»[11], il faut savoir que l'expression originale utilisée ici est tout à fait saisissante. Elle veut dire littéralement «mis dans les mailles». Le mot «mailles» était couramment employé dans le langage populaire de l'époque, dans des expressions comme «les mailles des morts ou les vêtements des morts[12].» Plusieurs interprètes de la Bible et étymologistes donnent l'explication suivante : il y avait à l'époque, des endroits de distribution de vêtements usagés (dans le temple, par des instances civiques et même par les Romains) pour qu'ils soient redistribués gratuitement aux plus pauvres. À cette époque, les gens mouraient considérablement plus jeunes qu'aujourd'hui, l'espérance de vie était très peu élevée. Il était courant pour les familles de donner aux démunis les vêtements qui avaient appartenu «aux morts». Lorsqu'ils étaient particulièrement en mauvais état, on les déchirait et on les taillait pour en faire des lambeaux, des couvertures, des «mailles» qui servaient à emmailloter les petits bébés[13].

Depuis bien longtemps, plusieurs historiens, commentateurs bibliques et théologiens voient dans ce simple fait historique et dans les mots spécifiques utilisés par Luc, qui était médecin, une annonce symbolique et typologique magnifique ainsi qu'un rappel puissant de la motivation et de l'intention de Dieu. À sa naissance, l'enfant Jésus est «emmailloté» dans des vêtements de morts parce qu'il était né afin de mourir pour les autres et de vaincre la mort à jamais. Dès les lueurs initiales du soleil levant, Marie sa mère entend «Tu es bénie entre toutes les femmes»[14], mais aussi «… une épée te transpercera le cœur.»[15] Les premiers chapitres de l'évangile, alors qu'elle tient le nouveau-né dans ses bras, la voient déjà au pied de la croix. Elle assistera à la mort de son fils et l'écoutera même dire à un meurtrier repentant, crucifié à côté de lui et agonisant peu à peu par asphyxie:

Jésus est le fils de Dieu. Dieu est amour et Jésus est venu nous expliquer qui est Dieu.

«Aujourd'hui tu seras avec moi au paradis». Elle le verra ensanglanté, les clous rouillés plantés dans les mains et les pieds, mourir volontairement, s'offrant lui-même en sacrifice sous les moqueries et les crachats de la meute fanatique et bestiale. Elle le verra aussi prier: «Père, pardonne-leur, car ils ne savent pas ce qu'ils font»[16] et c'est à ce moment-là que l'épée transpercera son cœur de mère.

À la croix, Jésus devient péché pour que nous soyons pardonnés. Il est rejeté par son Père (il s'écrie: «Père, pourquoi m'as-tu abandonné?»), pour que nous soyons réconciliés avec lui. Il a soif afin que nous n'ayons plus jamais soif. Il est appelé «Fils de l'homme» afin que nous soyons appelés «fils de Dieu». Il descend aux enfers pour que nous puissions monter au ciel. Il est rempli de tristesse pour que nous trouvions la joie. Il est captif afin que nous soyons libres. Il est secoué par l'angoisse afin que nous puissions expérimenter la paix. Il est couronné d'épines pour que nous soyons, dans l'éternité, couronnés de gloire. Il meurt pour que nous puissions vivre.

Contrairement aux sous-entendus ignobles et aux déclarations blasphématoires du *Code Da Vinci*, Jésus n'était pas seulement un homme bon ou un « grand homme » pris dans un tourbillon d'évènements, marié à Marie-Madeleine, femme tant jalousée par les disciples qu'ils ont tout fait pour la « bannir » alors qu'elle devait devenir la leader incontestée de l'Église. Il n'a jamais eu non plus avec elle de petite fille appelée « Sarah[17]. » Non, Jésus est le Fils de Dieu. Dieu est amour et Jésus est venu pour nous expliquer qui est Dieu. Il est la pleine manifestation du Père. Il rappellera tout au long des Évangiles que « Celui qui m'a vu a vu le Père ». Le Père est amour, bonté, fidélité, justice, paix, protection, liberté et le Fils est le même hier, aujourd'hui et éternellement[18].

Dans les Évangiles, Jésus a pleuré sur la souffrance, l'incrédulité et l'indifférence des multitudes et sa plus grande colère a été contre les religieux aux belles paroles mais au cœur dur. Il a dénoncé les hypocrites religieux et les a confrontés avec un courage parfait[19]. Il était à la fois entièrement amour et entièrement justice. Il était touché, ému de compassion pour les solitaires, les rejetés, les criminels, les pauvres, les condamnés et pour les hommes et les femmes que la société considérait comme des parias. Sa plus grande joie et sa passion ultime étaient la justice, la guérison, la libération, la consolation et la résurrection morale, émotionnelle, psychologique, sociale et spirituelle des êtres humains, une personne à la fois.

Les premiers disciples ont à ce point été imprégnés du message et de la vision christologique que le monde séculier qui les entourait, violemment hostile et moqueur, les a appelés « chrétiens » ou « comme Christ ». Les disciples chrétiens ont fondé l'Église en incluant dès le début la participation des femmes dans leurs œuvres et missions[20], brisant ainsi les tabous de la discrimination ethnique et religieuse. Ils ont consacré leurs vies aux pauvres, aux meurtris, aux oubliés et aux captifs « à Jérusalem, en Judée, dans la Samarie et jusqu'aux extrémités de la terre » (Actes 1.8).

Peu de temps après l'ascension de Christ et juste après avoir répondu à son appel, Pierre et Jean se rendent au temple à l'heure de la prière et aperçoivent un mendiant boiteux qui souffre atrocement depuis sa naissance; ils lui disent: « Regarde vers nous», voulant dire: ta douleur est devenue la nôtre, ta souffrance est la raison pour laquelle nous sommes des serviteurs de Christ. «Je n'ai ni argent ni or, mais ce que j'ai, je te le donne. Au nom de Jésus-Christ de Nazareth, lève-toi et marche.»[21] Lorsque l'homme, miraculeusement guéri par le Christ ressuscité, entre dans le temple en criant, sautant et dansant de joie, et interrompt des rituels religieux vides et stériles, c'est l'Église de Christ qui est en train de naître! (Actes 3.1-6)

N'accordez, même pas un instant, un soupçon de crédibilité à la version abjecte de Christ et de l'Église proposée sournoisement par des livres comme le *Code Da Vinci*. L'Église chrétienne («qui marche dans la voie et le message de compassion en action de Christ») a débuté dans les Actes des Apôtres et s'est développée incroyablement au cours de chaque siècle dans l'Histoire jusqu'à aujourd'hui. Elle connaîtra son apogée comme représentante de Christ sur terre et dispensatrice de son message de foi, de salut, d'amour, de justice, de pardon, de générosité et d'équité sociale et humaine dans notre époque moderne! Je le crois passionnément et je veux faire partie de cette Église!

Dans le dernier chapitre, je veux dévoiler ce que j'appelle «Le *mystère* du *Code Da Vinci*». Je confronterai notamment, avec franchise comme j'ai tenté de le faire depuis le début, les abominations et horreurs commises par des segments de l'Église chrétienne universelle dans certaines périodes et évènements sombres et terribles de l'Histoire du monde et de notre patrimoine socioculturel et religieux québécois. Mais je vais d'abord, dans les prochaines pages, céder ma plume pour un instant et avec grand plaisir à quelqu'un pour qui «splaggizomai», la compassion qui est tellement «remuée» qu'elle doit absolument faire quelque chose, n'est pas une théorie ou une théologie, mais une merveilleuse réalité du quotidien.

Denis Morissette est un de mes amis (ne retenez pas ça contre lui!) de longue date. J'ai une immense admiration pour lui. Il détient un baccalauréat en psychoéducation ainsi qu'une

Jésus a pleuré sur la souffrance, l'incrédulité et l'indifférence... et sa plus grande colère a été contre les religieux aux belles paroles mais au cœur dur.

maîtrise en éducation spécialisée. Il est membre de l'Ordre des Conseillers et Conseillères en orientation et des psycho-éducateurs et psychoéducatrices du Québec (OCCOPPQ) et de l'*American Association of Christian Counsellors* (AACC). Il a de nombreux certificats et diplômes en relation d'aide. Il est aussi consultant et président d'un organisme qui vient en aide à la famille depuis plus de vingt-cinq ans, conférencier international et membre de l'équipe pastorale de l'Église Nouvelle Vie à Longueuil.

Il est actif dans le counselling et la relation d'aide et a ainsi rencontré, écouté et conseillé des milliers de personnes. Il a fait des études comparatives approfondies entre les principes de la Bible et des Évangiles et la psychologie moderne. Une de ses passions est l'étude de la psychologie et de la religion. Sa perspective, son message et son approche thérapeutique sont à la fois extrêmement humains et absolument chrétiens. C'est un homme intègre, direct et passionné. Sa «mission de vie», c'est d'aider des êtres humains à trouver et à s'emparer de la «vie abondante» que Dieu désire pour eux et qu'il a manifestée en Christ. Il connaît profondément l'Église chrétienne et en est un critique lucide et courageux. Il incarne, à mon sens, le cœur de ce que les chrétiens ont de plus beau et de plus noble à offrir à notre monde troublé et oppressé.

Sur un plan personnel, Denis est marié à Johanne, une femme formidable. Il est père de quatre garçons, Anthony, Nicolas, William et Thomas. Une des qualités que j'apprécie chez lui, c'est qu'il n'est pas facile à définir ou à «mettre dans une boîte»! C'est un intello amateur de sensations fortes, un érudit avec qui j'ai fait du «rafting extrême» (descente de rivières intensément tumultueuses en montagne) et un conférencier aussi à l'aise sur un campus universitaire que lorsqu'il conseille et prodigue une aide humanitaire de premiers soins avec nous aux «plus pauvres des pauvres» dans un village oublié d'Haïti.

Mon ami est passionné d'Histoire, d'ouvrages de science et de psychologie; il dévore les revues spécialisées de tous genres. Il étudie et enseigne la Bible depuis plus de vingt ans et il vient de se découvrir une passion pour la planche à neige (le snowboard)! C'est un homme qui côtoie tous les jours, avec une patience et une douceur inouïes, la souffrance humaine, les tourments et les blessures de l'âme. Il communique l'espérance, le pardon et la foi à des milliers de personnes par ses conférences. Pasteur aimé par notre assemblée et par des centaines d'autres églises de la Francophonie, Denis est aussi un homme de foi, de réflexion et d'action qui offre une perspective articulée et pratique face aux extraordinaires défis des relations humaines auxquels nous faisons tous face en ce début de XXIe siècle. Il est leader d'un mouvement chrétien francophone propulsé par une compassion qui veut communiquer et vivre dans notre monde d'aujourd'hui selon les enseignements de Christ. Lisez attentivement la perspective de Denis Morrissette alors qu'il traite de « La *misanthropie* et la *méchanceté* de l'Église chrétienne selon le *Code Da Vinci* ».

C'est une joie pour moi de participer à cet ouvrage qui offre une réponse chrétienne au *Code Da Vinci* ! Il y a peu d'institutions dans notre monde moderne qui éveillent autant d'émotions fortes et contradictoires que l'Église. Pour nous, occidentaux, elle fait partie non seulement de l'histoire de nos sociétés, mais aussi de celle de nos propres vies. Dès notre enfance, nous étions confrontés à ces bâtiments fabuleux, fastes et massifs. Nous nous demandions ce qui se passait derrière les portes de ces grands monuments. Bien que des gens fréquentaient l'église régulièrement, la plupart d'entre nous y allions quelques fois par an, à Noël, à Pâques, à des occasions spéciales comme un baptême ou des funérailles. Lors de ces événements nous obtenions, en partie, des réponses à nos interrogations. Nous pénétrions dans un univers sacré et mystérieux et adoptions une attitude révérencieuse et cérémonielle, sans pourtant en comprendre ni la source ni le sens. Nous étions fascinés, bien sûr, par l'architecture intérieure et par les somptueuses décorations, statues et fresques de tout genre. Loin d'écouter les discours monocordes et déclamatoires, notre imagination était davantage nourrie par les parures et les ornementations.

Cette église était évidemment marquée par le décorum et le cérémonial. Notre imaginaire d'enfant était obnubilé par la magnificence et la solennité des gestes des officiants. Tout y était présent pour nous toucher : le son de la voix qui se répand légèrement en écho, l'odeur de l'encens qui vient caresser notre odorat, la musique majestueuse et retentissante de l'orgue. Le tout appuyé par la dévotion sentie du chœur de l'église. Aller à l'église devenait une expérience sensorielle.

Avec les années nous avons quitté ces enceintes et, malgré une certaine nostalgie du sacré, nous n'y avons que rarement remis les pieds. C'en était fait de l'Église et de son influence dans notre vie. Ces monuments sont restés impressionnants vus de l'extérieur, mais bien souvent vides de sens à l'intérieur. Loin de nous l'idée que l'Église, que cette église du quartier de notre enfance, soit là pour nous, à notre service. Au contraire, c'est nous qui étions là pour elle et c'est nous qui étions à son service. Elle pouvait exiger ce qu'elle voulait de nous. Nous nous en doutions et nos parents le savaient encore davantage...

Il est notoire d'observer depuis le milieu des années soixante, en particulier au Québec, un antagonisme marqué envers la religion chrétienne. Graduellement, tout un pan de la société a voulu régler ses comptes avec l'Église. Cela est en partie dû à son omniprésence dans bien des sphères de la vie. Bien que cette influence se soit flétrie depuis longtemps, des intellectuels de haut niveau autant que des humoristes de tout acabit ne cessent de décrier l'Église, de la caricaturer et de s'en moquer. On pointe du doigt ses erreurs. On quantifie ses fautes. On scrute son passé et on souligne ses abus.

Dan Brown, dans le *Code Da Vinci*, ne fait qu'ajouter à tout cela en mettant en évidence des demi-vérités que bien des lecteurs ne sauraient discerner. Bien plus, puisqu'il utilise le roman comme véhicule littéraire, il peut toujours se cacher derrière la fiction pour justifier la propagation de bien des faussetés. Pour beaucoup de croyants, la description qu'il fait de l'Église n'est pas leur réalité. Ils ne sont pas victimes d'abus. Ils ne sont pas en train de fomenter un complot pouvant menacer le monde, ou de bâtir un empire tentaculaire pour faire fortune. Au contraire, ils se rencontrent bien simplement et bien humblement pour aimer Dieu de tout leur cœur et aimer leur prochain comme eux-mêmes[22]. Pour les non croyants, cela ne fait que nourrir leur aversion légendaire envers une « institution » qu'ils croient archaïque et dépassée.

Il n'est pas dans mon intention de magnifier aveuglément l'Église. Comme thérapeute impliqué dans les milieux religieux, j'ai été témoin de multiples confessions sur les abus dont ont pu être victimes de nombreuses personnes. J'ai dû les aider à en surmonter les séquelles et à faire la distinction entre les sévices subis et la réalité de ce que l'Église et ses représentants auraient dû faire ou être. Je ne suis pas intellectuellement isolé au point de sombrer dans un idéalisme naïf. Bien plus, je suis de nature très critique face au dérapage religieux potentiel de personnes ainsi que de certains milieux. Et je garde toujours à l'esprit l'observation de Pascal, le penseur, qui notait que les hommes ne font jamais le mal avec autant d'ardeur que sous le couvert des convictions religieuses. Cela a été et sera toujours un phénomène complexe qui met en convergence des facteurs contextuels, tant sur le plan psychologique que sociologique. Mais, on ne pardonne pas facilement à l'Église parce que nos attentes envers elle sont toujours très élevées. On voudrait, à juste titre, qu'elle soit à la hauteur de son humble fondateur, Jésus-Christ de Nazareth.

Ceci étant dit, j'aimerais, dans les pages qui vont suivre, vous proposer une autre vision de l'Église. Celle à laquelle je crois, l'objet de ma passion. L'Église, si peu connue dans cette réalité mais telle que représentée dans le Nouveau Testament: simple, efficace mais qui a animé la vie des croyants de la première heure et a agi en conformité avec l'esprit de son initiateur. Celle qui a su créer un impact non seulement dans la vie des gens qui y adhéraient à l'époque, mais qui continue toujours à créer ce même impact aujourd'hui, dans la mesure où ceux qui y participent mettent en pratique le message d'un évangile de compassion et d'entraide.

L'Église, une présence dans ce monde

En lisant le *Code Da Vinci*, on serait porté à croire que l'Église qu'il décrit est celle fondée par Jésus-Christ il y a près de deux mille ans. Impossible de concevoir qu'il existerait autre chose que ces vastes complots, ces crimes et injustices! Et pourtant, il existe une autre Église. Nous pourrions dire qu'elle est presque anonyme. Jésus disait d'ailleurs que «le [vrai] royaume de Dieu ne vient pas de manière à frapper les regards[23]». L'Église que Jésus-Christ a fondée n'est pas un monument fait de mains d'hommes. Elle n'est pas une institution non plus. Elle n'est pas axée sur l'apparence, mais sur la fonctionnalité. Elle dépasse même les cadres confessionnels. Cette Église est composée de gens. C'est un peuple que Jésus-Christ se construit avec une vision particulière de ce à quoi ce peuple est appelé, de ce qu'il doit être et faire dans ce monde.

Dans le Nouveau Testament, le terme grec «Ekklesia» (ex-kaleo) signifie littéralement «être appelé (kaleo) hors de (ex).» C'est celui que Jésus a utilisé lorsqu'il a dit à Pierre: «Je bâtirai mon Église[24]...». Il décrit et met en perspective l'état de personnes qui quittent un état pour en atteindre un autre. L'Église est littéralement hors normes. Non pas dans le sens qu'elle n'a pas de règles ou de principes qui la régissent, mais plutôt qu'elle est hors des normes sociales habituelles. C'est-à-dire que l'Église ne fait pas les choses de la même façon que la société ou le monde dans lequel nous vivons. Les croyants (qui professent la foi en Jésus-Christ) sont appelés hors du système de pensée de ce monde pour une œuvre à part, différente, percutante. Mais, ils ne sont pas seulement une extension de la société. Et ils sont à part, non par exclusion des autres, mais poussés par un dévouement initié par Jésus et calqué sur son exemple. Christ a appelé ses disciples, les chrétiens, à être différents et à ne pas se fondre dans le moule. Il disait «...vous n'êtes pas de ce monde» et en même temps «...vous êtes la lumière de ce monde!»[25]

L'Église est réellement elle-même quand elle existe pour l'humanité.

Un exemple frappant de ce mode de vie est le pasteur Martin Luther King dans sa croisade pour les droits civiques américains. Il y a quelques années, j'ai eu l'occasion d'aller visiter l'église baptiste Ebenezer où il fut pasteur à Atlanta en Georgie. Je me souviens fort bien des sentiments qui m'envahissaient à l'idée de ce voyage. Je m'attendais à voir un monument posthume ou une église transformée en musée. Ce que j'ai vu est une église toute simple, pas un modèle d'architecture. Et quel ne fut pas mon étonnement de découvrir qu'elle était toujours ouverte, avec ses réunions régulières. Un autre pasteur avait pris la relève. Je me souviens avoir pensé «l'église du pasteur King ne s'est pas éteinte avec sa mort. Elle continue comme si de rien n'était!» Ce qu'il a légué ne se trouve pas dans un lieu géographique, mais dans les cœurs de tous ceux qu'il a influencés par son engagement pour la justice sociale.

Dans les années cinquante, Martin Luther King, apôtre de la non-violence, a pris la tête d'un mouvement qui a littéralement bouleversé et changé les mentalités et les structures mêmes de la société américaine. Il avait été marqué dès son enfance par les inégalités sociales et la ségrégation raciale dont son peuple était victime. L'arrestation injuste de Rosa Parks (1913-2005) parce qu'elle avait refusé de s'installer dans la section réservée aux Noirs dans un autobus, l'interpella et lui donna l'occasion de passer à l'action. Luther King lança alors une offensive qui jeta les bases d'un mouvement qui sensibilisa la population aux conditions des Noirs américains, établissant ainsi un nouveau mode de justice sociale. Martin Luther King disait : *L'Église n'est pas un thermomètre qui enregistre les idées et les opinions populaires, mais un thermostat qui transforme les mœurs de la société.*[26] Par conséquent, il est parfois coûteux pour l'Église, et par le fait même pour ses membres, de jouer le rôle auquel elle a été appelée. Martin Luther King, pourtant couronné du prix Nobel de la Paix (1964), fut assassiné au cours d'une marche pour les pauvres à Memphis au Tennessee.

L'Église n'est pas juste appelée hors de quelque chose, mais aussi et surtout pour ou vers quelque chose. Elle n'existe pas pour elle-même et ne cherche pas à combler ses besoins propres. Elle existe pour les autres. Le théologien allemand Dietrich Bonhoeffer, pendu lors de son incarcération dans un camp de concentration à cause de son opposition à Adolf Hitler et au nazisme, disait que l'Église est réellement elle-même quand elle existe pour l'humanité. Dès le départ, elle doit donner tout ce qu'elle est pour les pauvres et les démunis. C'est lorsqu'elle ne fait plus cela qu'elle perd sa crédibilité.

Laissez-moi vous donner encore quelques exemples probants qui remontent au milieu du XVIIIᵉ siècle. À cette époque, l'Angleterre vivait ce que les historiens appellent unanimement une période de grand désordre moral[27]. La vie était difficile et suite à des bouleversements sociaux majeurs, bien des gens des campagnes affluèrent vers les villes dans l'espoir d'y trouver de nouveaux moyens de subsistance.

Malheureusement, la plupart devinrent une main d'œuvre exploitée en cette aube de l'industrialisation. Hommes, femmes et enfants étaient soumis à des conditions de travail épouvantables dans les mines, les ateliers et les usines. Les quarts de travail étaient interminables et les salaires pitoyables. Les gens vivaient dans des quartiers ouvriers où pullulaient alcoolisme, prostitution, vols et meurtres. Ces conditions sociales ont été abondamment illustrées dans les romans de l'écrivain anglais Charles Dickens[28].

C'est à la même période que naquit d'une famille chrétienne John Wesley. Celui qui allait devenir un réformateur de grande influence tant sur le plan religieux que social. Après une conversion marquante, il quitta à contrecœur l'Église d'Angleterre pour fonder l'Église Méthodiste. De larges segments de l'Église de l'époque étaient endormis. Wesley entreprit de la réveiller et donna naissance à des œuvres sociales et charitables particulièrement efficaces pour l'époque. Il répétait souvent que la mission principale de sa vie était envers les pauvres[29]. Il les aida, s'assura de leur bien-être. Les historiens l'ont appelé le «Saint-François d'Assise du XVIIIᵉ siècle». Le credo de John Wesley était simple: «Faites tout le bien que vous pouvez, de toutes les façons que vous le pouvez, toutes les fois que vous le pouvez, à toutes les personnes que vous pouvez, à tous les endroits que vous pouvez!»

Dans cette foulée, William Booth et son épouse Catherine décident vers 1865 de mettre sur pied une mission chrétienne pour atteindre les multitudes du quartier défavorisé East End à Londres. Ce pasteur méthodiste était animé d'un zèle sans limites pour les plus pauvres des plus pauvres. Raoul Gout, auteur d'une biographie en français sur William Booth mentionne que, comme Wesley, il croyait que tous étaient «sauvables»: «Les ivrognes, les joueurs, les débauchés, les femmes de mauvaise vie, les voleurs, les criminels, toutes les misérables créatures captives peuvent être délivrées, sauvées jusqu'à la vie sainte. Le plus dépravé, le plus vil, le damné du bagne sont des élus en germe.»[30] Booth avait la passion des gens. Raoul Gout dira de lui «qu'il a aimé les moins aimés, les moins aimables et les plus compromis.»[31] Un jour, il déclara à Cecil Rhodes, le roi du diamant et de l'or, un des hommes les plus riches de son époque: «Ces misérables qui sont le rebut de l'humanité, nuit et jour, je rêve d'en faire des hommes nouveaux. Les pires êtres m'attirent, disait-il, comme les mines d'or attirent les hommes.»[32] William Booth était de cette race de chrétiens qui, à l'exemple de Jésus-Christ, sont prêts à tout pour aider une humanité en détresse. C'était un batailleur de l'humanité. Il lutta et lutta jusqu'à la fin de sa vie. «Tant que des femmes pleureront comme aujourd'hui, je me battrai. Tant que de petits enfants auront faim, je me battrai. Tant qu'on jettera des hommes en prison, je me battrai. Tant qu'il restera une âme privée de la lumière divine, je me battrai jusqu'au bout!»[33]

L'œuvre de William et Catherine Booth existe toujours. Il s'agit de l'Armée du Salut, reconnue mondialement comme une des plus grandes œuvres caritatives sur l'ensemble de la planète. Elle est présente auprès des démunis, lors des désastres, et ce, dans tous les pays du monde, des plus riches aux plus pauvres.

Plus tard, William Booth rencontrera Thomas John Barnardo, étudiant en médecine à l'hôpital de Londres, qui refusa d'aller sur le champ missionnaire à l'étranger parce que le drame des enfants malheureux de Londres et de l'Angleterre l'obsédait au plus haut point. Barnardo parcourait, entre minuit et 3 heures du matin, les rues et les impasses, cherchant dans les hangars et sur les bords de la Tamise, les petits «couche dehors». Il leur trouva un gîte et bâtit de multiples orphelinats. L'œuvre de Barnardo existe depuis 1867 et aide, encore de nos jours, les enfants d'Angleterre en difficulté. C'est la plus grande organisation charitable pour les enfants de ce pays[34].

Parfois, il nous est difficile de garder une certaine objectivité dans nos critiques de l'Église. Nous oublions trop souvent qu'elle a été la base de la majorité des institutions scolaires et sanitaires encore présentes dans notre société. Il y a moins de soixante ans, partout en Occident et au Québec en particulier, peu d'institutions existaient qui n'aient été fondées par l'Église quelle qu'en soit la confession. Cela est vrai pour le réseau de l'éducation, de la santé et pour les services sociaux. Avec la sécularisation de la société, nous perdons souvent de vue ce riche patrimoine historique. Dans le flot des émotions sombres de nos révoltes, nous oublions que l'Église a fait beaucoup avec si peu de ressources. Des hommes et des femmes se sont investis corps et âme, croyant à l'appel et à la vocation charitable du service auprès de leurs semblables.

L'Église, un poste de sauvetage

La lecture du *Code Da Vinci* nous présente une Église sinistre et secrète, marquée par le mensonge et la dissimulation. Une organisation religieuse aux prises avec des complots machiavéliques, empêtrée dans d'obscures machinations et qui n'éveille que méfiance et suspicion. Elle ne saurait, loin de là, nous rassurer dans notre quête d'absolu et de vérité.

Encore une fois, il n'y aucune commune mesure entre cette représentation du christianisme et celle du Nouveau Testament. Au contraire, dès les premiers pas de l'Église primitive, nous la voyons s'établir autour d'activités toutes simples et bien naturelles : piété et dévotion, relations fraternelles et fraction du pain[35]. Au lieu de chercher leur profit et leur intérêt personnel, ses membres mettaient en commun leurs biens et les partageaient selon les besoins de chacun[36]. Cette toute jeune Église trouvait faveur auprès du peuple[37]. Plus tard, au fur et à mesure que le nombre des disciples augmentait, nous voyons naître les rudiments d'une organisation préoccupée par les besoins des gens, des veuves en particulier[38]. La croissance rapide de l'Église primitive était due à l'engagement des chrétiens à prendre soin les uns des autres. Elle était, à l'image du Maître, animée d'une double passion : servir Dieu et servir les gens.

William Temple, théologien et archevêque de Canterbury, disait que l'Église est *« la seule coopérative au monde qui existe pour le bénéfice de ses non membres. »*[39] Il a raison puisque le premier défi de l'Église est de toucher les multitudes dans le besoin. À chaque fois qu'elle néglige cette notion et se replie sur elle-même, elle perd de vue sa mission sur terre. Les évangiles ainsi que les épîtres du Nouveau Testament témoignent de cette réalité. L'apôtre Paul, dans presque toutes ses lettres, réitère ces notions et ramène constamment l'Église à sa mission originelle. L'Église du Nouveau Testament est une Église pour les autres.

Mais qu'est-il arrivé ? Pourquoi l'Église moderne est-elle si loin de son modèle ? Bien plus, comment les sociétés modernes qui ont pris naissance sur des fondements chrétiens sont-elles devenues si revêches et si hargneuses envers cette même Église ? La réponse n'est pas simple. Le philosophe et théologien français Jacques Ellul[40] a fait l'étude de cette question dans un livre intitulé *La subversion du christianisme*. Il a noté que «l'on a accusé le christianisme de tout un ensemble de fautes, de crimes, de mensonges qui ne sont en rien contenus, nulle part, dans le texte et l'inspiration d'origine.»[41] Il fait, bien sûr, allusion tant aux prophètes de l'Ancien Testament qu'à Jésus lui-même et à l'apôtre Paul. Nous devons reconnaître qu'il y a eu une dérive lente et progressive d'une large portion de l'Église, souvent très loin de ses intérêts du début.

Pourquoi? Nous pourrions à ce stade-ci élaborer toute une série de théories pour tenter d'élucider cet état des choses, d'expliquer ce que j'appelle «le grand égarement». Permettez-moi plutôt de le faire à travers une courte parabole qui illustre ce phénomène et le cycle que vit parfois l'Église.

> *«Il était une fois, sur les côtes abruptes d'un bord de mer, une station de sauvetage qui venait en aide aux naufragés des bateaux qui s'échouaient sur les récifs environnants. Le bâtiment était simple et il n'y avait qu'un seul bateau de sauvetage. Les membres de l'équipe de sauvetage étaient valeureux et courageux. Ils travaillaient jour et nuit, inlassablement pour tenter de rescaper les malheureux naufragés. Bien des vies avaient été sauvées par les sauveteurs de cet humble poste de sauvetage à un point tel que sa renommée se répandit partout dans le pays environnant. De plus en plus de gens voulurent s'associer à cette station. Ils apportèrent leur soutien et l'argent nécessaire et achetèrent de nouveaux bateaux.*
>
> *Bien des membres de la station devinrent insatisfaits de la condition de l'humble station. Pas de commodités et seulement des équipements rudimentaires. Ils sentirent que le moment était venu de bâtir un nouveau refuge. Ils achetèrent de beaux lits au lieu de lits de camp. Ils améliorèrent et agrandirent les pièces en les décorant somptueusement et en y ajoutant de nouveaux meubles. La station devint tellement populaire qu'elle constitua un lieu de rassemblement choisi et privilégié par les membres. De moins en moins de gens étaient intéressés à braver de nouveau la mer. La station devint un peu comme un club. Mais, dans tous leurs aménagements et décorations, ils avaient sauvegardé la vocation de la station. On voyait, bien affichées sur les murs, les vestes de sauvetage*

rappelant les nombreuses sorties en mer. On avait conservé les motifs maritimes dans toute la décoration.

À peu près à la même époque, un grand bateau fit naufrage, rejetant à la mer des dizaines et des dizaines de personnes. Le poste de sauvetage se dépêcha de mobiliser les sauveteurs qui partirent à la recherche des naufragés. Ils en trouvèrent beaucoup qui étaient bien sûr trempés, sales, malades. Ils les apportèrent à la nouvelle station qui se retrouva en état de désolation. Le comité responsable de la propriété se réunit immédiatement et tenta de résoudre le problème en construisant une douche à l'extérieur à l'usage des naufragés.

Le mois suivant, lors la réunion mensuelle des membres du club, il y eut une division. Certains étaient offensés de voir l'état lamentable du bâtiment et insistèrent pour que le club maintienne ses activités sociales normales. D'autres réagirent en disant que la station avait perdu sa vocation originelle. Certains s'écrièrent que s'ils voulaient sauver tout le monde, ils n'avaient qu'à se construire une nouvelle station. Le vote tomba. Le groupe de sauveteurs avait perdu. Ils quittèrent et allèrent construire une nouvelle station plus loin.

Cette nouvelle station poursuivit sa mission pendant plusieurs années et vécut à son tour le même phénomène. Elle évolua lentement et finit par devenir un club privé. Un nouveau poste vit le jour un peu plus loin. Et ainsi de suite, l'histoire se répéta...»[42]

Cette parabole moderne montre fort bien le dilemme que vit constamment l'Église. D'une part, elle doit remplir sa mission sur terre qui consiste à être à la fois un phare dans la nuit obscure, mais aussi et surtout un poste de sauvetage au pied d'une mer agitée, l'espoir pour un monde en souffrance et en perdition. D'autre part, elle doit composer avec une société qui la conspue et aussi avec des membres qui parfois oublient et se détournent de sa mission originale.

Le défi des leaders chrétiens actuels est d'amener l'Église à rester constamment adaptée à la réalité et aux besoins qui changent sans cesse. En voici un cas tangible. L'église à laquelle je suis associé à Longueuil au Québec possède comme slogan : «l'Église Nouvelle Vie, une église pour aujourd'hui». La beauté et la simplicité de cette expression soulignent l'obligation de cette église à rester pertinente et inlassablement collée à la réalité changeante. Il en est de même pour l'ensemble de la chrétienté. Elle doit tout le temps s'adapter aux besoins des gens, peu importe le lieu et les conditions sociales, morales et spirituelles dans lesquels elle évolue, et cela sans compromettre son message. Cela constitue un exercice qui n'est pas facile en soi. L'écrivain chrétien Philip Yancey mentionne que l'église est une «colonie du ciel dans un monde hostile[43]». Il ajoute de façon tellement pertinente que «si le monde méprise une pécheresse notoire, l'Église l'aimera. Si le monde coupe toute aide aux pauvres et à ceux qui souffrent, l'Église offrira la nourriture et la guérison. Si le monde opprime, l'Église fera lever les opprimés. Si le monde couvre d'opprobre un paria, l'Église proclamera l'amour réconciliateur de Dieu. Si le monde recherche le profit et l'accomplissement personnel, l'Église cherche le sacrifice et le service...»[44] Voilà ce à quoi l'Église est appelée : faire la différence dans un monde en souffrance !

Laissez-moi illustrer ce propos d'un exemple personnel frappant. Il y a de cela quelques années, j'ai eu l'occasion de vivre une expérience marquante. Un ami policier, affecté à un des quartiers les plus défavorisés de Montréal, m'avait invité à participer à la patrouille du vendredi soir. Je devais prendre place, dans la voiture de patrouille, avec son collègue et lui et répondre aux appels transmis par le standard d'urgence. Minute après minute et heure après heure, nous avons répondu aux appels, nous précipitant à chaque fois sur les lieux où se déroulaient différents événements : bagarres, suicides, agressions armées, abus sexuels ; la vie nocturne dans les quartiers difficiles.

Pendant que les gens bien nantis dormaient à poings fermés, des drames bien réels prenaient place. Durant nos courses effrénées dans les rues sombres de Montréal, gyrophares allumés, j'étais souvent perdu dans mes pensées. Ne vous méprenez pas, je savais déjà que ce monde ne tournait pas rond. Mon travail m'avait appelé depuis longtemps à côtoyer bien des malheurs. Mais ce soir-là, il y avait une concentration de misère et de souffrance. Comme si on mettait bout à bout, toute une série de tragédies et de vies mal en point et qu'on en accélérait le déroulement.

Je me souviens encore très bien des conclusions que j'ai tirées de cette soirée. Premièrement, même si je savais que la société allait mal, j'ai découvert qu'elle était en pire état que je le réalisais. Il fallait faire quelque chose. La seconde chose que j'ai comprise est que, malgré des institutions sociales bien rodées et bien intentionnées, ce dont ce monde avait besoin était d'une Église présente, active, où se manifestent un amour sans bornes et un accueil sans conditions. Une Église remplie de croyants qui se soucient de leurs semblables. Cela n'a fait que renforcer ma conviction profonde que l'Église doit, à tout prix, devenir un poste de sauvetage au sein d'une humanité en déroute. Enfin, je me rappelle m'être interrogé, ce soir-là, sur ce que je ferais si j'étais à la place de toutes ces personnes. Où aller lorsque tout va mal? Lorsqu'on est perdu et désespéré? Y a-t-il une lumière au bout du tunnel obscur du désespoir? Quelqu'un peut-il nous montrer le chemin d'une autre vie? D'une vie nouvelle?

Alors que les rues et les façades des maisons, commerces et autres bâtiments défilaient devant mes yeux, je remarquai encore une fois que l'Église était absente de la vie des gens malgré l'omniprésence de ses lieux de culte. Ces églises étaient toutes fermées. C'étaient de beaux édifices historiques et des constructions attrayantes, mais sans aucune présence vivante. Le phare est éteint: il ne peut plus guider les marins sur une mer démontée. Le poste de sauvetage est fermé: il ne peut plus aider les naufragés en détresse. L'Église n'est pas là! L'Église n'est plus là!

Vous savez, si Jésus revenait aujourd'hui même, exercer en personne un ministère auprès des gens de cette génération, il ne resterait pas insensible à leurs conditions de vie. Bien sûr, il ne s'assoirait sans doute pas sur la margelle d'un puits pour causer avec une Samaritaine. Il ne chercherait pas non plus à voir si quelqu'un a grimpé dans un sycomore. Il ne verrait probablement pas une femme adultère menacée de lapidation par un groupe de scribes et de pharisiens. Il ne rencontrerait sûrement pas, dans nos sociétés modernes, de mendiants aveugles à l'entrée de nos villes et de nos villages. Par contre, il est assuré qu'il se préoccuperait et s'occuperait des conséquences reliées aux mariages brisés et aux familles déchirées. Il parlerait des relations d'affaires malhonnêtes. Il ferait face, courageusement, aux questions hideuses telles que la pornographie, l'abus d'enfants et la violence conjugale. Il confronterait de nouveau les mauvaises conséquences du matérialisme. Il prendrait toujours le temps de nourrir les affamés, de guérir les malades, de réconforter les personnes sans espoir et de bénir les enfants. Tel est encore l'appel de l'Église. Encore et toujours.

L'Église, un lieu de guérison

L'Église n'est pas seulement une présence dans la société et un poste de sauvetage pour les désespérés. C'est aussi un hôpital. Au-delà du fait de guider un monde en questionnement ou d'aider les plus démunis, elle offre un contexte de transformation et de guérison. N'oublions pas que l'œuvre de Jésus-Christ ne s'est pas arrêtée à la croix et à la résurrection. Il a aussi fondé l'Église et l'a léguée à cette humanité. Il offre par ce moyen un environnement de grâce, d'acceptation, de pardon. Tout thérapeute sait fort bien que ces trois vertus sont curatives et nécessaires à toute transformation. Les plus grandes blessures humaines sont relationnelles : abandon, trahison, rejet, jugement. Paradoxalement, les blessures relationnelles ne se guérissent que par d'autres relations plus saines, plus sincères et plus confiantes. Comme je le crois profondément, les gens blessés blessent les autres, mais les gens guéris guérissent les autres. Encore une fois, de larges segments du christianisme ont perdu de vue cette fonction thérapeutique de l'Église.

Lorsqu'il cherchait à expliquer aux chrétiens de Corinthe et à ceux de Rome ce qu'était en fait l'Église, l'apôtre Paul a été inspiré à utiliser une métaphore révolutionnaire : celle du corps humain. Bien avant que la psychologie puisse saisir toutes les subtilités qui régissent les rapports humains, l'apôtre Paul avait compris «l'Église». Elle est comme un corps humain *« dont les membres prennent soin les uns des autres. »*[45] Il a expliqué que les différents membres de ce corps n'ont pas tous la même fonction. Il dira de certains qu'ils sont plus faibles et qu'ils ont besoin d'être entourés[46] et soulignera que « *lorsqu'un membre souffre, tous souffrent et que si un membre est honoré, tous se réjouissent avec lui.* »[47] Paul avait réalisé la puissance et l'impact des relations que les gens ont les uns avec les autres. Il avait compris aussi les principes et les vertus thérapeutiques qui animent les petits groupes et cela bien avant les découvertes des sciences humaines modernes. Dans l'Église du Nouveau Testament, nous trouvons des relations humaines significatives,[48] un soutien mutuel,[49] un amour inconditionnel[50] et une absence de jugement[51].

Permettez-moi d'illustrer tout cela avec l'histoire du Révérend Samuel Shoemaker. Son nom ne vous dit peut-être pas grand-chose, mais vous connaissez certainement les A.A. ou Alcooliques Anonymes. Le pasteur Shoemaker était, dans les années trente, recteur d'une église épiscopale à New York. Il animait aussi un groupe de réveil (le groupe d'Oxford) qui utilisait une série d'étapes visant à venir en aide aux gens à travers une croissance spirituelle.

L'Église n'est pas un musée pour les saints, mais un hôpital pour les pécheurs.

Un jour, un alcoolique invétéré dénommé Bill Wilson vint à une de ses réunions. C'était un cas désespéré qui ne réussissait pas à être sobre. Il avait commencé à boire à vingt-deux ans et avait été hospitalisé à quatre reprises. Il boira pendant dix-sept ans, ruinant sa santé et sa carrière.

À cette époque, l'Église rejetait les alcooliques en considérant leur problème comme un vice et eux-mêmes comme de fieffés pécheurs impossibles à convertir. Mais Samuel Shoemaker croyait l'inverse. Il disait que l'Église n'était pas un musée pour les saints, mais un hôpital pour les pécheurs. Il croyait fermement que l'application des principes bibliques, de façons concrètes et pratiques dans la vie des gens, pouvait les aider et les transformer.

Au contact des enseignements de Samuel Shoemaker, Bill Wilson (mieux connu sous le nom de Bill W.) se convertit et devint sobre pour la première fois après plusieurs années de tentatives. De cette guérison de l'alcoolisme naquit dans le cœur de Bill W. un désir d'aider les alcooliques, ses semblables. Il en émergea le mouvement mondial des Alcooliques Anonymes mais aussi, surtout, un puissant outil de guérison et de rétablissement: les douze étapes. Par leur mise en pratique, des millions de personnes ont depuis cette époque trouvé libération, restauration et guérison. Bill Wilson dira plus tard que l'inspiration de ces douze étapes provient directement des enseignements et de la prédication de Samuel Shoemaker. De nos jours, les groupes de soutien font partie intégrante de toute démarche de guérison et de rétablissement. Lors du vingtième anniversaire des Alcooliques Anonymes, Samuel Shoemaker déclarera publiquement ce qui suit: «Je crois que les A.A. ont pris leur inspiration, ainsi que l'impétuosité de leurs principes, directement des croyances et des pratiques de l'Église. Peut-être que l'Église a besoin d'être réveillée et revitalisée à nouveau par ses propres principes...»[52] Il avait raison. Depuis ce temps, de larges portions de la chrétienté ont redécouvert l'essence, la portée de l'église locale dans la vie des gens. Il existe tout près de 3 millions de groupes de soutien aux États-unis qui rassemblent près de vingt millions de personnes. Les recherches confirment presque unanimement qu'ils sont efficaces dans le soutien qu'ils apportent aux gens. Tous varient dans leur personnalité, mais ils ont en commun de constituer un réseau de soutien unique[53]. Et il est démontré que le plus grand dispensateur de soins demeure l'Église. Elle n'est pas un théâtre où l'on assiste à une belle représentation, mais une expérience où la participation est vitale.

Stéphane Laporte, chroniqueur au journal *La Presse*, traduit fort bien les attentes que des milliers de gens ont envers l'Église. Sans trop comprendre les subtilités théologiques et sans trop connaître les Saintes Écritures, la plupart imaginent fort bien ce que devrait être une Église. Laissons Stéphane Laporte nous l'exprimer:

> *«L'Église devrait être le lieu de rassemblement de tous les gens qui veulent aider, de tous les gens qui militent pour la paix, de tous les gens qui luttent contre la pauvreté. [...] On y ferait la quête pour aider les démunis pendant que les jeunes chanteraient l'espoir. On pourrait aussi y faire des nuits de la poésie. Bref, l'Église devrait accueillir toutes les formes de prières. Quand quelqu'un du quartier*

vivrait un malheur, c'est à l'église qu'on se rassemblerait pour le soutenir, pour l'aider. Pas besoin d'attendre qu'il meure. [...] que l'Église devienne le lieu où l'on va quand on ne sait plus où aller... Ne laissons pas les églises mourir. [...] Parce que ceux qui l'ont bâtie avaient la foi. Et ça, ça paraît. Même pour quelqu'un qui doute.

Une église dans une rue, c'est du Bach entre deux solos de drum*. Il faut que nos gouvernements votent une loi pour que toutes les églises soient classées monuments historiques. Et que les églises demeurent des églises jusqu'à la fin des temps. [...] Vous direz que cet appel venant d'un gars qui n'est pas allé à l'église depuis une éternité ne vaut pas grand-chose. Peut-être. [...] C'est vrai que je ne vais pas à l'église, mais je sais que j'en ai besoin. Au fond, c'est un peu comme un hôpital. L'hôpital de l'esprit.

Tant qu'on va bien, on vit dans le monde. Et on fait ses affaires. Mais quand arrive un coup dur, on a besoin d'un endroit pour panser ses plaies. Un endroit pour guérir. Quand la vie me fera mal, quand je perdrai un être cher, quand je ne trouverai plus de sens à mon existence, je vais sûrement avoir besoin d'une église. Pour me retrouver. J'espère qu'il y en aura encore»[54].

En conclusion

L'Église a survécu à près de vingt siècles de changements et d'évolution. On a tenté de la radier de la surface de la Terre, mais elle a subsisté. Elle s'est parfois endormie mais a toujours fini par se réveiller. Elle s'est parfois égarée mais est toujours revenue sous une forme ou une autre. On s'est moqué d'elle, on l'a ridiculisée, conspuée. On l'a enterrée mais à chaque fois elle a resurgi. Jésus a dit : «*Je bâtirai mon Église et les portes du séjour des morts ne prévaudront point contre elle*[55]». Ce que signifie ce texte c'est que même toute la puissance du mal et du Malin ne réussira pas à l'anéantir. Aucune puissance, ni extérieure à elle, ni intérieure à elle, ne saura détruire l'Église. Et ce, malgré ses déboires et ses imperfections.

---

* nde : batterie en français.

C.S. Lewis, écrivain chrétien et auteur des *Chroniques de Narnia*, disait que Dieu semble parfois «... ne rien faire qu'il pourrait déléguer à ses créatures. Il commande que ses serviteurs fassent tout doucement et maladroitement ce qu'il peut faire parfaitement et en un clin d'œil. »[56] L'Église est imparfaite parce que les gens qui la composent sont imparfaits. Les diverses lettres (épîtres) du Nouveau Testament n'ont pas tenté de maquiller la réalité. Comment cela peut-il se produire? diront certains. Comment une institution divinement établie peut-elle devenir parfois une source de maux, de désillusion, de désespoir? La réponse est bien simple. Malgré des fondements spirituels uniques et des fonctions révolutionnaires, l'Église ne saurait être plus que les gens qui la composent. Lorsque nous comprenons cet aspect, nous pouvons aussi cerner l'importance d'être transformé, intègre et irréprochable. La qualité de vie des autres dépend aussi de la qualité de notre propre vie.

L'Église PEUT devenir ce que Dieu veut qu'elle soit et faire ce que Dieu veut qu'elle fasse, mais à une seule condition : que les croyants deviennent ce que lui veut qu'ils soient! Ils doivent être transformés, concernés, restaurés eux-mêmes en premier. C'est le défi de tous les croyants. Jésus a dit que l'on reconnaît un arbre à ses fruits et que tout bon arbre porte de bons fruits[57]. *«Vous reconnaîtrez mes disciples, dit-il, à l'amour qu'ils ont les uns pour les autres. »*[58] Voilà la véritable Église de Jésus-Christ. Voici comment la reconnaître, quoi qu'en disent Dan Brown et le *Code Da Vinci.*

chapitre 6

La science moderne,
la main du Créateur et le Code Da Vinci

« L'église de Rome utilise depuis dix-sept siècles toutes sortes
de méthodes d'intimidation contre ceux qui menacent de
révéler ses mensonges... Toutes les femmes érudites, toutes
celles qui montraient un intérêt pour le monde naturel
ou qui utilisaient leur connaissance à des fins de
soulagement des douleurs de l'enfantement, étaient
également poursuivies
et mises à mort. Il n'y a rien d'étonnant à ce qu'elle ait
trouvé encore une fois le moyen de maintenir ses ouailles
dans une ignorance soigneusement entretenue. » [1]
Dan Brown dans le Code Da Vinci

« Un homme honnête intellectuellement,
scientifiquement, armé de toute la connaissance disponible à
l'être humain à l'époque moderne peut seulement déclarer
que dans un certain sens, les origines de la vie paraissent
actuellement être pratiquement un véritable miracle. Les
conditions nécessaires
pour conduire aux origines de la vie sont tellement
nombreuses, infiniment variées et infiniment complexes que
le mot miraculeux est la seule explication plausible à
l'homme de science moderne. » [2] Docteur Francis Crick,
récipiendaire du prix Nobel de sciences, en tant que co-
découvreur de la structure moléculaire de l'ADN
(extrait du livre « Life Itself »).

Je déteste les clichés et les généralisations. Ils me rendent furieux. Je suis pasteur et devrais avoir en tout temps une attitude de «Bon Berger», mais les clichés font plutôt surgir en moi le «Berger Allemand»! Ils sont enracinés dans l'ignorance, le préjugé et souvent motivés profondément par ce qu'il y a de plus bas, de plus sombre, de plus laid et de plus dangereux dans la nature humaine. Les généralisations extrêmes sans nuances et dénuées de réflexion trouvent souvent leurs sources dans le désir malsain, empreint d'insécurité, de petitesse, de jalousie et de méchanceté, d'un segment de la société qui veut en dominer un autre.

Les pires balafres et les plus profondes cicatrices laissées sur le visage de l'histoire moderne ont été faites par la lame souillée du poignard des généralisations. Les masses ont cru en ces inductions alors qu'elles étaient entièrement et absolument mensongères et immorales. En voici de sordides exemples: «La race aryenne est supérieure, tous les juifs doivent disparaître», «Les Tutsis doivent être éliminés, ce sont eux qui ruinent notre beau pays du Rwanda et qui sont responsables de toutes nos misères». Du racisme du sud des États-Unis pendant les années 1950, au Moyen Orient d'aujourd'hui, des milliers de morts de l'Irlande du Nord aux bains de sang de l'Algérie, les généralisations et préjugés de nature religieuse, ethnique ou autre qui diabolisent, sont une maladie meurtrière qui paralyse, enlaidit et se transmet de père en fils, de génération en génération.

Plus près de chez nous, bien qu'ils nous semblent moins dramatiques ou meurtriers, les clichés, les idées toutes faites et les généralisations semés depuis des siècles dans l'inconscient collectif, tuent chaque jour l'espoir, la dignité, l'égalité, l'émancipation et la réflexion de beaucoup de gens. Les opinions préconçues sans aucun fondement factuel et les exagérations qui amplifient et déforment un cas singulier, une particularité, une marginalité ou encore une caractéristique réelle chez un groupe de personnes pour en déduire une généralité acceptée et répandue, nous diminuent tous en tant que société et individus. «Les noirs sont moins intelligents». «Tous les immigrants nous volent nos emplois et leurs enfants sont dans des gangs». «Il n'y a rien à faire avec des pays comme Haïti; ce pays ne pourra jamais changer». «Les 'B.S.' (assistés sociaux) sont paresseux et abusent du système». «Les femmes sont des paquets de nerfs et d'émotions, elles ne sont pas vraiment capables d'être aussi performantes que les hommes».

Je le répète, je DÉTESTE ces systèmes de pensées qui étouffent la potentialité humaine dans la fausseté et l'ignorance. Et Dieu aussi. Je crois profondément que plus nous connaissons la révélation de Dieu et découvrons son cœur et sa pensée, plus nous sommes consumés par le besoin de combattre toute forme de préjugés, de racisme, d'injustice, d'ignorance et de généralisations sordides et mensongères. C'est un des aspects les plus malsains du *Code Da Vinci*. Il met en évidence, exploite et perpétue des clichés qui n'ont que bien peu de choses à voir avec la réalité. Dans ce chapitre, nous allons confronter l'un des mythes les plus simplistes et grossiers du roman de Dan Brown.

Foi et Science

Tout au long de ce livre, les personnages et les intrigues s'acharnent à peindre un portrait d'une Église chrétienne ignorante, stupide, contre la science et l'éducation, et complètement déterminée à garder les masses «la tête sous l'eau». Les lecteurs du *Code Da Vinci* en tournent la dernière page convaincus que scientifiques et historiens étaient des ennemis jurés de la pensée chrétienne. Brown perpétue le mythe qu'il n'y a pas de scientifiques chrétiens et que les croyants de l'Histoire et d'aujourd'hui sont forcément ignorants, sans éducation et bizarres. Dans le *Code Da Vinci*, comme dans plusieurs sphères de la société actuelle d'ailleurs, on dissocie et on oppose invariablement science et foi. Que ce soit à travers ses personnages ou dans ses interviews, Brown donne l'impression qu'il n'existe aucune possibilité de rapprochement, de collaboration, de respect et d'appréciation mutuelle entre la foi chrétienne et l'éducation ou la science.

Rien ne pourrait être plus loin de réalité. Il y a, depuis des siècles, des scientifiques qui croient entièrement et passionnément à l'union du savoir et de la foi. Plusieurs fondateurs et pionniers de la connaissance moderne vivaient et promulguaient une harmonie et une osmose dynamique entre leurs découvertes et le message de la Bible. En voici quelques-uns:

Wernher von Braun (1912-77), un des plus grands scientifiques dans le domaine spatial, directeur général de la NASA: *«Regarder par cette fenêtre que nous ont donnés les vols spatiaux habités aux vastes mystères de l'Univers devrait seulement confirmer notre croyance dans la certitude de son Créateur. Je trouve aussi difficile de comprendre le scientifique qui n'admet pas la présence d'une rationalité supérieure derrière l'existence de l'Univers que le théologien qui nierait l'avancement de la science.»*

Isaac Newton, 1686: *«Le merveilleux système qui contient le soleil, les planètes et les comètes, ne pourrait être issu que de la grande sagesse de la souveraineté d'un Être intelligent et puissant. Cet Être gouverne toutes choses, pas en tant "qu'âme" de ce monde, mais bien comme Seigneur de tout et, en raison de sa suprématie, il doit être appelé Seigneur Dieu, Chef universel.»*

Larry Hatfield/Science Digest, hiver 1979. Extrait d'un article intitulé *Educators against Darwinism* (Des éducateurs contre le darwinisme) : *«Des scientifiques chevronnés qui questionnaient certains éléments de la théorie de l'évolution et du darwinisme font partie des tendances actuelles et controverses montantes de notre communauté scientifique moderne. Plusieurs des scientifiques qui appuient cette position sont parmi les plus impressionnants de l'élite scientifique mondiale moderne.»*

Le docteur Walter Bradley, professeur de sciences à l'université du Texas A. et M., co-auteur du livre de renommée internationale *Le mystère des origines de la vie* déclare :

«Les difficultés hallucinantes (mind boggling) à trouver les ponts immenses, infranchissables, inexplicables entre l'absence de vie et la vie signifient qu'il n'y a vraisemblablement aucune possibilité de pouvoir, un jour, trouver une théorie sur la façon dont la vie pourrait avoir débuté spontanément ou naturellement. Je suis convaincu, comme le sont des centaines de mes collègues les plus estimés, que l'évidence incontestable et absolue montre à chaque chercheur et chaque être humain honnêtes qu'il y a

une intelligence supérieure derrière la création de la vie.
S'il n'y a aucune explication naturelle et qu'il semble n'y
avoir aucune possibilité d'en trouver une, alors je crois
qu'il est logique et approprié de considérer une explication
surnaturelle. Je crois qu'il s'agit là de la conclusion
(inférence) la plus raisonnable, en se basant sur les
évidences qui sont disponibles.»[3]

Ce que le *Code Da Vinci* ne dit pas et ne veut pas que vous
sachiez, c'est qu'un nombre grandissant de scientifiques réputés
remettent de plus en plus en question la théorie des origines de la
vie qui est enseignée depuis quelques générations sur les bancs de
nos écoles, du primaire jusqu'à l'université. Dans son best-seller
scientifique, *The Case for a Creator*, Lee Strobel nous présente un
des brillants scientifiques qui s'interroge sérieusement sur les
origines de la Terre, des systèmes solaires, de l'être humain et de
la création connue.

*«**Allan Rex Sandage**, le plus réputé cosmologue observa-*
tionnel du monde – qui a déchiffré les secrets des étoiles,
vérifié les mystères des quasars, révélé l'âge des amas
globulaires, identifié méticuleusement les distances des
galaxies lointaines et quantifié l'expansion de l'Univers
grâce à son travail au sein des observatoires des Monts
Wilson et Palomar – se préparait à faire une présentation
devant un auditoire lors d'une conférence à Dallas. Peu de
scientifiques sont respectés aussi unanimement que cet
homme, qui fut l'un des protégés du légendaire astronome
Edwin Hubble. De prestigieux honneurs ont été rendus à
Sandage par la Société d'Astronomie Américaine,
l'Académie de Physique de Suisse, la Société d'Astronomie
Royale, ainsi que l'Académie de Sciences de Suède, ce qui
représente l'équivalent du prix Nobel en astronomie. Le
New York Times l'a surnommé "Le Grand Homme de
l'Astronomie".

Lors de cette conférence en 1985, dont le thème traitait de
science et de religion, personne, tandis qu'il s'approchait de
l'estrade, ne se posait beaucoup de questions sur la prise de
position de cet homme. Tous croyaient la connaître. La
discussion devait porter sur l'origine de l'Univers, et le
panel devait être divisé en deux groupes: ceux qui croyaient

en Dieu et ceux qui ne croyaient pas. Chacun des groupes s'assit sur le côté de la plate-forme qui lui était réservé. Plusieurs des auditeurs savaient probablement que Sandage était d'origine juive et avait toujours été, depuis son enfance, un athée. Plusieurs autres, sans doute, croyaient qu'un scientifique de cette stature devait sûrement être sceptique quant à l'existence de Dieu. Il était donc évident pour tous que Sandage s'assoirait avec les sceptiques. Cependant, l'impossible se produisit.

Sandage provoqua une vague de consternation lorsqu'il prit une chaise du côté des athées et alla s'asseoir parmi ceux qui croyaient en l'existence de Dieu. Ce qui étonnait encore davantage, dans ce contexte où l'on discuterait du Big Bang et de ses implications philosophiques, c'est qu'il avait décidé, à l'âge de cinquante ans, de dire publiquement qu'il était maintenant chrétien. Le Big Bang, dit-il à l'auditoire médusé qui buvait chacune de ses paroles, fut un événement surnaturel que nous ne pouvons expliquer à l'intérieur du monde de la physique tel que nous le connaissons. La Science nous a amenés au premier événement, mais elle ne peut nous amener à la première cause. L'émergence soudaine de la matière, de l'espace, du temps et de l'énergie, nous mène à un quelconque besoin de transcendance. C'est ma science qui m'a amené à conclure que le monde est beaucoup plus compliqué que ce que peut expliquer la science, dira-t-il plus tard à un journaliste. Ce n'est que par le surnaturel que je suis en mesure de comprendre le mystère de l'existence.»[4]

N'en déplaise au *Code Da Vinci*, le cosmologue Allan Rex Sandage, est loin d'être un cas isolé. Des centaines de livres, articles et thèses, sur Internet ou dans des revues scientifiques, révèlent une armée grandissante de scientifiques qui sont de plus en plus sceptiques face aux théories darwiniennes. Il y a une croissance exponentielle de rassemblements, de conférences et de congrès scientifiques qui confrontent ouvertement les multiples failles et les «chaînons manquants» du darwinisme opaque, dogmatique et presque intégriste de segments sclérosés d'une navrante portion de nos systèmes d'éducation modernes.

Lee Strobel, encore, décrit un de ces rassemblements d'éminents scientifiques dont les conclusions ont provoqué des ondes de choc séismiques dans les communautés universitaires du monde entier:

> *«Ils étaient cent - biologistes, chimistes, zoologistes, physiciens, anthropologues, biologistes moléculaires et cellulaires, ingénieurs en biologie, chimistes organiques, géologues, astrophysiciens et autres scientifiques. Diplômés de doctorats provenant d'universités prestigieuses telles que Cambridge, Stanford, Cornell, etc... Parmi eux, se retrouvaient des professeurs des Hautes Études de Yale, de l'Institut Technologique du Massachusetts, et autres centres scientifiques de renommée mondiale. Parmi eux également se trouvait le directeur du Centre pour la chimie quantique par modélisation numérique, de même que des scientifiques appartenant aux Laboratoires de physique Plasma à Princeton, au Musée National d'Histoire Naturelle de l'Institut Smithsonian et à plusieurs autres instituts de recherche de renom.*

Il y a une armée grandissante de scientifiques sceptiques face aux théories darwiniennes.

Ils désiraient que le monde entier sache une chose: ils sont sceptiques. Suite à une déclaration des porte-parole du Service Public de Diffusion (PBS) qui présentait une série en sept parties intitulée "Évolution", déclaration qui disait que "toutes les preuves scientifiques connues appuient l'évolution [de Darwin]" de même que "presque tous les scientifiques de renom du monde", ces professeurs, chercheurs en laboratoire et autres scientifiques publièrent une annonce de deux pages dans un magazine distribué partout dans le pays portant le titre: "Un désaccord scientifique au Darwinisme".

Il ne s'agissait pas ici de fondamentalistes à l'esprit étroit, ni de fanatiques religieux enragés. Il s'agissait plutôt de scientifiques respectés de classe mondiale comme Henry F. Shaefer qui avait été candidat pour le prix Nobel (le troisième chimiste le plus cité au monde), James Tour du Centre de Sciences nanométriques et technologiques de l'Université Rice, et Fred Figworth, professeur de physiologie cellulaire et moléculaire de l'Université Yale. En tant qu'élève, au secondaire et à l'université, qui étudiait l'évolution, on ne m'avait jamais dit qu'il y avait des scientifiques crédibles qui possédaient de sérieux doutes face à la théorie de Darwin. J'avais l'impression qu'il n'y avait que des pasteurs-qui-ne-savent-rien qui s'opposaient à l'évolution, simplement parce que cette théorie contredisait les déclarations bibliques. Je n'étais pas conscient que, selon l'historien Peter Bowler, des critiques scientifiques substantielles face à la sélection naturelle avaient débuté dès 1900, "ses opposants étaient convaincus que [la théorie de l'évolution] ne s'en remettrait jamais".

Les spectateurs de la populaire série télévisée "Évolution" sur la chaîne PBS en 2001 n'en ont pas été informés non plus. En réalité, le portrait que l'on présentait était biaisé et ne montrait qu'un côté de la médaille – ce qui provoqua une vive réaction chez plusieurs scientifiques. Une critique détaillée de 151 pages affirmait que cette série télévisée "n'avait pas présenté correctement et avec impartialité les problèmes scientifiques retrouvés dans les preuves de l'évolution darwinienne" et qu'elle avait systématiquement ignoré "les dissensions et désaccords au sein même des biologistes évolutionnistes".»[5]

Le *Code Da Vinci* suggère que les mots «chrétien» et «crétin» sont pratiquement synonymes et que foi et science sont incompatibles. Les millions de lecteurs de Dan Brown concluent avec lui que la perspective biblique doit être ignorée; que toute la communauté scientifique historique et actuelle est l'alliée de l'auteur pour dénoncer la Bible et vous protéger contre «la méchante Église chrétienne qui veut vous garder à tout prix dans l'ignorance et la stupidité».

À présent je cède avec joie la suite de ce chapitre à une scientifique, la docteure Stéphanie Reader. C'est elle qui a écrit le chapitre 3. Elle détient un doctorat et un post-doctorat en biochimie de l'Université du Québec à Montréal, spécialisée dans le domaine de la mort cellulaire programmée (*apoptose*). Elle a obtenu de nombreuses bourses prestigieuses et a été décorée de la médaille du Gouverneur Général du Canada pour la grande qualité de sa thèse et de son dossier universitaire. Ses travaux de recherche ont été publiés dans plusieurs revues scientifiques de haut niveau et évalués par ses pairs. La docteure Reader a œuvré pendant des années dans la recherche en oncologie en tant que directrice de projet pour une compagnie pharmaceutique. Elle s'est principalement intéressée au développement du traitement contre le cancer de la vessie et de la prostate et a participé à l'élaboration de quatre brevets de recherche. Elle a donné des conférences scientifiques, notamment sur la bioéthique, dans divers endroits du monde et a également participé à des congrès sur les découvertes les plus récentes de la science. C'est aussi une chrétienne engagée! Une voix, parmi des milliers d'autres, dont Dan Brown ne semble même pas soupçonner l'existence: une femme passionnément scientifique et passionnément chrétienne! Écoutez-la bien, alors qu'elle dévoile l'univers fascinant de «La science *moderne*, la *main* du Créateur et le *Code Da Vinci*».

C'est une joie pour moi de participer à ce chapitre. Après toutes ces années sur les bancs des universités et après avoir côtoyé des scientifiques du monde entier, contrairement à ce que prétend le *Code Da Vinci*, je peux vous confirmer que mes collègues ne sont pas tous athées! J'ai vu des hommes et des femmes de science qui après de longues heures à réaliser une expérience en laboratoire ont été complètement émerveillés, renversés, par la découverte de la grandeur et de la perfection d'une simple réaction chimique ou d'une voie de signalisation cellulaire. Qu'ils soient chimistes, biochimistes, biologistes moléculaires ou médecins, peu importe leurs nombreuses années d'études ou leur fréquentation des plus grandes universités, je les ai vus, lorsqu'ils ont tenu leurs enfants ou leurs petits-enfants dans leurs bras pour la première fois, remercier le ciel pour ces êtres si parfaits. J'ai aussi été malheureusement témoin de la mort de scientifiques (qui ont profondément marqué ma vie) et qui, lorsqu'ils ont glissé vers l'éternité, ont demandé l'aide et la paix de Dieu. Je peux vous assurer que face à la mort, la théorie de l'évolution de Darwin perd toute importance et ne sert en aucun temps d'ancrage pour l'âme… Martin Luther King a dit:

«Il peut y avoir conflit entre hommes de religion à l'esprit débile et hommes de science à l'esprit ferme, mais non point entre science et religion. Leurs mondes respectifs sont distincts

et leurs méthodes différentes. La science recherche, la religion interprète. La science donne à l'homme une connaissance qui est puissance; la religion donne à l'homme une sagesse qui est contrôle. La science s'occupe des faits, la religion s'occupe des valeurs. Ce ne sont pas deux rivales. Elles sont complémentaires. La science empêche la religion de sombrer dans l'irrationalisme impotent et l'obscurantisme paralysant. La religion retient la science de s'embourber dans le matérialisme suranné et le nihilisme moral.»

C'est un préjugé et un cliché de penser que savoir et croire sont antinomiques. J'aimerais durant ce chapitre démolir ce faux concept, bien qu'Albert Einstein ait dit qu'il était plus facile de désintégrer un atome qu'un préjugé. Je souhaite vous démontrer que science et foi ne sont pas incompatibles; au contraire, la science peut être une méthode qui confirme les vérités absolues de la Parole de Dieu.

Dan Brown sous-entend dans son livre que les gens qui ont la foi en Dieu sont souvent des simples d'esprit. Pourtant, beaucoup de scientifiques de haut niveau, qui ont fondé de multiples disciplines et ont laissé leur marque dans ce monde, avaient la foi en un Dieu créateur. Les grands physiciens Faraday, Kelvin et Maxwell étaient croyants. Max Planck, l'éminent physicien allemand, a dit un jour que, quiconque, quel que soit son domaine, étudie la science sérieusement se doit de lire l'expression suivante sur la porte du temple de la Science: *ayez la foi.* Selon lui, la foi est la qualité essentielle d'un savant. Isaac Newton qui avait une profonde foi en Dieu a proclamé: «*Dieu n'est pas l'éternité, il n'est pas l'infini, mais il est éternel et infini. Il n'est ni la durée ni l'espace; mais il a existé de tout temps et sa présence est partout.*» Selon Albert Einstein, «*L'escalier de la science est l'échelle de Jacob, il ne s'achève qu'aux pieds de Dieu.*» Plusieurs mathématiciens et astronomes de renom ont défendu l'idée que l'Univers a été créé par un seul créateur. Johannes Kepler, le célèbre fondateur de l'astronomie physique, a exprimé sa foi en Dieu dans ses livres: «*nous devions reconnaître la grandeur de sa sagesse, de sa puissance et que par conséquent nous devions nous soumettre à lui*[6].» Plusieurs autres grands scientifiques ont déclaré leur foi chrétienne sans ambages. Permettez-moi de vous en faire une nomenclature sommaire:

1. *Robert Boyle :* père de la chimie moderne.

2. *Iona William Petty :* reconnu pour ses études sur les statistiques et l'économie moderne.

3. *Gregory Mendel :* père de la génétique ; il a invalidé certains aspects de la théorie de l'évolution de Darwin grâce à ses découvertes en science de la génétique.

4. *William Thompson (lord Kelvin) :* fondateur de la thermodynamique.

5. *Louis Pasteur :* le plus grand nom de la bactériologie ; il a déclaré la guerre au darwinisme.

6. *John Dalton :* père de la théorie atomique.

7. *Blaise Pascal :* un des plus grands mathématiciens.

8. *John Ray :* le plus important nom de l'histoire naturelle britannique.

9. *Nicolaus Steno :* géologue célèbre, spécialisé en stratigraphie.

10. *Carolus Linnaeus :* père de la classification biologique.

11. *Georges Cuvier :* fondateur de l'anatomie comparative.

12. *Matthew Maury :* fondateur de l'océanographie.

13. *Thomas Anderson :* un des pionniers de la chimie organique.

14. *Samuel Morse :* inventeur du télégraphe et du code Morse.

15. *Sir David Brewster :* inventeur du kaléidoscope et d'un stéréoscope à deux lentilles. Ses travaux sur la polarisation de la lumière lui ont valu la médaille Copley en 1815.

Lorsqu'on regarde à l'impact que ces hommes ont eu dans leur domaine respectif, il est complètement erroné et exclu de penser que leur foi les ait disqualifiés. En aucun cas, ils n'ont été considérés comme des scientifiques de second ordre parce qu'ils croyaient en Dieu. Nombre de scientifiques n'ont pas vécu ou ne vivent pas de relation conflictuelle entre leur foi et la science, bien au contraire ! Sans aucun doute, je crois qu'il n'y a absolument rien de honteux ou d'embarrassant à être un homme ou une femme de science et croire encore au christianisme au XXIᵉ siècle ! Plus nous nous approchons de la connaissance et du savoir, plus nous découvrons l'infinie grandeur, la beauté et la perfection de la création, et plus celle-ci nous attire comme un aimant vers le Créateur et écarte toutes possibilités que le hasard en soit l'origine.

La complexité du vivant ne peut être due à des processus purement aléatoires...

J'ai passé plusieurs années de ma vie à étudier la cellule au niveau moléculaire, un domaine de recherche extrêmement passionnant et fascinant. Chaque détail, chaque structure cellulaire, chaque voie de signalisation à l'intérieur de la cellule m'émerveille. Plus je découvre la complexité d'une minuscule cellule, plus mon enthousiasme pour un ordre parfait et divin augmente. En m'approchant de la connaissance, je constate l'étendue de mon ignorance et je découvre la grandeur de la création. Je suis parfaitement d'accord avec Louis Pasteur lorsqu'il dit : « *Un peu de science éloigne de Dieu, mais beaucoup y ramène.* » Jamais mes recherches ne m'ont fait douter d'un Dieu créateur. Au contraire, devant l'ampleur de la complexité de l'organisation d'une cellule, je ne peux qu'être étonnée et admirative devant le Créateur.

Essayez d'imaginer que dans une cellule somatique, de la grosseur environ d'un point sur un « i », il y a 46 chromosomes. Ces chromosomes sont formés de 2 mètres d'ADN (acide désoxyribonucléique) bien ficelé. Cet ADN est composé de 3 milliards de sous-unités, les nucléotides (un enchaînement des bases A, T, C et G) qui constituent les gènes. Une cellule possède plus de 2 millions de gènes qui coderont les milliards de protéines nécessaires à la vie. Toutes ces protéines ont un rôle bien établi et très précis pour la bonne marche de la cellule. On estime que toutes les molécules d'ADN de notre corps mises bout à bout feraient le tour du système solaire ! Le matériel génétique contenu dans l'ADN est comme le disque dur d'un ordinateur qui renferme tous les programmes et informations nécessaires à différents moments de la vie d'une cellule. Afin de bien vous faire comprendre l'ampleur et la puissance de l'information gardée dans l'ADN, je ferai une comparaison avec tous les renseignements possédés par une bibliothèque. Prenons, par exemple, celle du Congrès à Washington qui est parmi les plus grandes du monde avec ses 14,8 millions de livres et de brochures. Si on les alignait tous sur un rayon celui-ci serait long de 526 km.

« Un peu de science éloigne de Dieu, mais beaucoup y ramène.»

Louis Pasteur

L'ensemble des informations dans ces documents représente environ $10^{16 \text{ à } 17}$ bits. Pour stocker la même quantité d'informations sur l'ADN, nous n'aurions besoin que de 0,01 mm^3 c'est-à-dire un millième d'une tête d'épingle[7].

Si toute la connaissance d'une bibliothèque peut être rassemblée dans un volume aussi minuscule que 0,01 mm^3 d'ADN, pouvez-vous alors imaginer la vaste quantité d'informations contenues dans les 2 m de notre ADN? C'est fantastique! Absolument incroyable! Comment autant de données, si capitales au maintien de la vie, peuvent-elles être emmagasinées dans l'ADN et dans une cellule pas plus grosse qu'un point sur un «i»? Comment est-ce possible? Devant tant de précision et de minutie, il est extrêmement difficile de croire au hasard!

La complexité d'une cellule nous donne le vertige non seulement à cause de sa structure mais aussi de son fonctionnement. Lorsqu'on s'arrête un instant pour regarder comment elle fonctionne, on constate rapidement qu'elle n'a pu être créée tout bonnement par un processus issu du hasard. La séquence des réactions chimiques dont dépend la vie est hautement organisée et orientée. En aucun cas, elle ne se déroule de façon aléatoire. Son bon fonctionnement est bien programmé et réglé au quart de tour. Par exemple, pour que l'ADN se forme, il est nécessaire que des myriades de réactions chimiques se produisent dans un ordre précis. Le professeur Frank Salisbury, de l'Université de l'Utah aux États-Unis, a calculé la probabilité de formation *spontanée* d'une molécule d'ADN simple, essentielle à l'apparition de la vie. Ses calculs ont abouti à une probabilité si infime qu'elle est considérée comme mathématiquement impossible.

La précision et la complexité des mécanismes biochimiques déroutent même les scientifiques les plus chevronnés. Au cours de mes travaux de recherche, j'ai passé des milliers d'heures à étudier comment un simple ion, le calcium (Ca^{2+}), pouvait engendrer des centaines voire des milliers de réactions intracellulaires. Le Ca^{2+} est étroitement régulé à l'intérieur de la cellule et un léger dérèglement de sa concentration peut avoir des conséquences catastrophiques. Du fait que la concentration extracellulaire (par exemple dans le sang ou le fluide interstitiel) de calcium est supérieure à la concentration intracellulaire, la cellule déploie tout un arsenal de systèmes de transport, de régulation et de rétrocontrôles pour maintenir une homéostasie calcique. Cette homéostasie lui est vitale. Le calcium est un second messager ubiquitaire et régule beaucoup de fonctions métaboliques.

Les changements dans la concentration de Ca^{2+} jouent un rôle important dans la régulation de nombreuses fonctions cellulaires telles que la contraction musculaire, la sécrétion exocrine, endocrine et neurocrine, la glucogénèse et la glucogénolyse, le transport et la sécrétion de fluide et d'électrolytes, la croissance et la différenciation cellulaire ainsi que l'activité de plusieurs enzymes. De faibles variations dans les niveaux de calcium intracellulaire peuvent aussi stimuler des voies de signalisation cellulaire (comme des signaux dans la cellule) qui peuvent enclencher notamment le processus de la cancérogenèse ou conduire à la mort cellulaire programmée, l'apoptose. L'apoptose est un processus élaboré au cours duquel la cellule participe activement à sa propre destruction. Puisqu'une image vaut mille mots, le schéma suivant illustre l'effroyable multiplicité des rôles joués par *un simple ion* à l'intérieur *d'une seule cellule:*

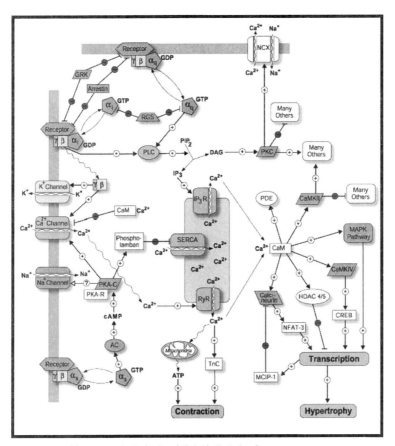

Source: http://www.npaci.edu/online/v5.24/cell.sig.html

À partir de cette illustration, l'idée que la prodigieuse complexité du vivant ne peut être le résultat du hasard surgit de façon spectaculaire. En toute honnêteté, cette réalité nous confronte et nous oblige indubitablement à envisager la possibilité que toute cette extraordinaire complexité ait été imaginée et créée selon un plan intelligent et prédéterminé. Issus de toutes les sphères de recherche (paléontologie i.e. science qui étudie les fossiles, biochimie, génétique, astrophysique, etc.), des chercheurs soutiennent que la nature cacherait un « dessein intelligent ». Cela signifie que la vie serait le produit, orchestré selon un plan minutieux, d'une intelligence créatrice. Les indices de cela dans le domaine naturel ont de tout temps constitué un argument de choix en faveur de l'existence de Dieu. Un exemple historique de cette argumentation a été énoncé par le théologien et naturaliste britannique du XVIIIᵉ siècle, William Paley. On l'appelle «l'argument de l'horloger de Paley»:

«En traversant une bruyère, supposons que je trébuche sur une pierre, et qu'on me demande comment la pierre se trouvait là. Je pourrais répondre que, à preuve du contraire, elle avait toujours été là, et peut-être serait-il alors difficile de démontrer l'absurdité de cet argument. Mais supposons que j'ai trouvé une montre par terre, et que l'on s'enquiert de savoir comment la montre vint à se retrouver en cet endroit. Il ne me viendrait pas à l'idée de penser à la réponse que j'avais donnée précédemment: que du mieux que je sache, la montre avait dû toujours être là...La montre avait dû avoir un fabricant: il a dû exister, à un certain moment, à un certain endroit, que sais-je, un artisan ou plusieurs, qui la façonnèrent pour l'usage que l'on connaît, qui comprirent son assemblage et conçurent son usage...Toute trace d'invention, toute expression de créativité qui se trouvaient dans la montre, existent également dans l'œuvre de la nature, avec cette distinction que dans le naturel, celles-ci sont bien plus prononcées, et cela d'une manière qui dépasse tout entendement.»[8]

Selon le raisonnement de Paley, si la complexité d'une montre exige un concepteur brillant, les êtres vivants nécessitent d'autant plus un ingénieur intelligent avec des capacités créatrices exceptionnelles. Bien que la thèse de Paley soit simple, elle n'en demeure pas moins concrète, cohérente et d'une logique implacable.

Au cours des dernières années, des avancées prodigieuses ont été réalisées en biochimie et en biologie moléculaire. L'abondante littérature scientifique qui en découle prouve cette explosion des connaissances. À l'époque darwinienne, les biologistes connaissaient peu de choses de la biochimie complexe des organismes vivants. La découverte de systèmes biochimiques hautement élaborés a suggéré un niveau de sophistication qui défie l'explication de leur existence par des mécanismes évolutifs et de sélection naturelle tels que les a décrits Darwin[9]. Une nouvelle ère, dans les arguments en faveur du dessein intelligent, a débuté en 1996 avec la publication de *Darwin's Black Box: The Biochemical Challenge to Evolution* par Michael Behe, professeur de biochimie à l'Université de Lehigh en Pennsylvanie. Le défi biochimique qu'il lance à l'évolution darwinienne a eu un impact significatif sur la communauté scientifique. Son livre a été recensé dans des journaux scientifiques prestigieux comme *Nature*. Il a été dit du docteur Behe qu'il était un biochimiste bien informé, crédible, avec une argumentation qui ne pourrait être facilement rejetée. Dans ses écrits Darwin avait admis que « *si l'on arrivait à démontrer qu'il existe un organe complexe qui n'ait pas pu se former par une série de nombreuses modifications graduelles et légères, ma théorie ne pourrait plus certes se défendre.* »[10] Behe a analysé la littérature scientifique publiée sur les mécanismes de l'évolution moléculaire et biochimique et particulièrement les articles parus dans le *Journal of Molecular Evolution* (JME) depuis sa fondation en 1971. Il en a conclu qu'aucun des articles dans le JME n'a proposé un modèle détaillé selon lequel un système biochimique complexe aurait pu être produit à la lumière graduelle darwinienne, étape par étape. Il affirme même *« qu'on peut être un bon catholique et croire au darwinisme. Mais, la biochimie aidant, il est de plus en plus difficile d'être un scientifique consciencieux et de croire au darwinisme ».*

> « Si l'on arrivait à démontrer qu'il existe un organe complexe...
> ma théorie ne pourrait plus certes se défendre »
> Darwin

William Dembski, auteur du livre *Mere Creation: Science, Faith and Intelligent Design* propose une méthode scientifique pour démontrer un dessein intelligent, lequel est selon lui empiriquement détectable. Il déclare que des situations aussi complexes que la réplication de l'ADN – un processus exigeant de nombreux événements hautement improbables par des prévisions aléatoires – sont mieux expliquées par la pensée du programme intelligent d'un créateur que par le simple fruit du hasard. Étant donné l'engouement grandissant pour le concept du dessein intelligent, la page couverture de la revue scientifique *Science et Vie* titrait en décembre 2005: *« L'évolution a-t-elle un sens? Le grand retour du créationnisme ?* » De plus, en avant-propos, il était possible d'y lire : « *Manifestement, la thèse du 'dessein intelligent' exerce une attraction croissante sur les esprits et les rangs de ses adeptes ne cessent de gonfler. Dès lors, ce sont les scientifiques spécialistes de l'évolution qui risquent de se trouver avec un gros problème sur les bras : celui d'apporter la preuve de l'inexistence du prétendu «programme caché», du mystérieux «dessein intelligent»...*

Au moment même où on observe un enthousiasme pour l'idée du dessein intelligent, on assiste parallèlement à un désenchantement pour les théories évolutionnistes. Lors d'un symposium à Philadelphie, le biologiste Sir Peter Medawar, lauréat du Prix Nobel, a dit : « *Il y a un sentiment très général d'insatisfaction à propos de la théorie de l'évolution que l'on considérait comme étant accepté par tous*». Le spécialiste de la thermo-dynamique Ilya Progogine, un autre Prix Nobel, a pour sa part affirmé que :

> « *La probabilité, dans des températures ordinaires, qu'un certain nombre de molécules macroscopiques s'assemblent pour donner naissance à des structures hautement organisées et à des fonctions coordonnées caractéristiques des organismes vivants, est infiniment petite. L'idée d'une génération spontanée de la vie dans sa forme actuelle est par conséquent hautement improbable, même à l'échelle des milliards d'années de l'évolution pré-biotique.*»[11]

De plus, la revue *Science et Vie* publiait en 1987 un article du biologiste australien Michaël Denton intitulé : «*L'évolution : une théorie en crise*».[12] Cet article était, sans équivoque, une attaque dirigée contre la théorie de l'évolution. Dans l'avant-propos du livre duquel il est tiré, son auteur écrit :

> « *Jamais la question de l'évolution n'a engendré autant de controverses et de discussions depuis l'époque du grand débat au XIXᵉ siècle. Dans les symposiums internationaux les plus prestigieux, dans les pages des plus grands journaux scientifiques et jusque dans les galeries feutrées du British Museum, les moindres aspects de l'évolution sont débattus avec une intensité que l'on a rarement rencontrée, ces derniers temps, dans la science.*»[13]

Le réglage précis de l'Univers ne peut être le fruit du hasard...

L'évolution des espèces et la complexité du vivant, ne sont pas les seuls domaines pouvant être expliqués par le concept du dessein intelligent. L'astronome Robert Jastrow, directeur de l'Institut Goddard de recherches spatiales à la NASA et professeur à l'Université Colombia à New York, se déclarant agnostique, a livré au *New York Times Magazine* les propos suivants :

> « *L'essentiel de certaines conclusions de l'astronomie actuelle en revient à attribuer à l'Univers un commencement nettement défini, à un moment donné du temps... À présent, nous voyons comment les preuves astronomiques mènent à la vision biblique de l'origine du monde...(...) Nous autres, scientifiques, n'avons jamais pensé trouver la preuve d'un commencement abrupt, car, jusqu'à récemment, nous avons toujours si bien réussi à remonter la chaîne de cause à effet dans le temps... Pour un scientifique qui a toujours vécu par sa foi dans le pouvoir de la raison, l'histoire finit comme un mauvais rêve...(...) Il a gravi des montagnes d'ignorance ; il est sur le point de conquérir le sommet le plus élevé ; alors qu'il se hisse sur le dernier rocher, il se voit accueilli par une bande de théologiens qui y sont assis depuis des siècles.* » [14]

Si l'infiniment petit est explicable par un programme intelligent à l'œuvre dans la nature, l'infiniment grand l'est tout autant ! Il est très difficile de s'imaginer et surtout de réaliser quelles sont les dimensions de l'Univers. Voici quelques données qui, je l'espère, vous aideront à visualiser ou du moins à concevoir un tant soit peu ce que j'appelle « l'infiniment grand » [15] :

- L'étoile la plus proche (Century Proxima Centauri) est à 4,23 années-lumière de la Terre (c'est-à-dire 40 015 milliards de km !). Si un vaisseau spatial se déplaçait à la vitesse du son (0,3 km/seconde soit plus de 1 000 km/h), il mettrait plus de 4 millions d'années pour y parvenir. Même à 4 000 km/heure, il lui faudrait un million d'années pour l'atteindre. Y envoyer un message radio et recevoir une réponse mettrait plus de 8 ans. Or, il existe des étoiles dont la lumière, qui voyage à 300 000 km à la seconde, met des milliards d'années à arriver jusqu'à nous!

• Notre galaxie, la Voie lactée, compte plus de 200 milliards d'étoiles.

• La Voie lactée, n'est qu'une galaxie parmi des centaines de milliards.

• La galaxie d'Andromède est à plus de 2 millions d'années-lumière de nous.

• D'autres galaxies sont plus de mille fois plus éloignées que celle d'Andromède; elles existaient donc déjà depuis des milliards d'années lorsqu'elles ont émis la lumière que nous apercevons à présent dans les puissants télescopes.

Selon l'auteur Alfred Kuen, à une échelle réduite 10 milliards de fois, le Soleil aurait 1,4 cm de diamètre, et la Terre serait à 1,5 mètre du Soleil (qui est à 150 millions de km de nous!). Notre planète n'aurait qu'un dixième de millimètre, elle serait presque invisible. L'étoile la plus proche serait comme une bille à 400 km de là (environ deux fois la distance séparant la ville de Montréal de celle de Québec!). Les autres étoiles seraient réparties dans toutes les directions: à Amsterdam, à Rome, à Athènes ou à New York. Toujours à cette échelle, l'ensemble de la Voie lactée s'étendrait encore à quelque 10 millions de kilomètres, c'est-à-dire 25 fois la distance Terre-Lune (je crois qu'il faut vérifier cela, selon moi c'est beaucoup plus). Si nous voulions représenter toute notre galaxie sur une page, il faudrait prendre une échelle encore 100 milliards de fois plus petite. Et encore une fois, ce n'est qu'une galaxie parmi les centaines de milliards d'autres[16]! L'astronome Fehrenach s'interroge: «*Comment expliquer cet Univers? Par le hasard? Mais alors comment expliquer le hasard lui-même? Quel est le sens du hasard?*»

Vous comprendrez aisément qu'il m'est absolument impossible d'expliquer et de mettre en lumière ici les différentes théories et postulats sur la création de l'Univers et l'origine de la vie. Je ferai cet exercice dans le cadre d'un futur livre dédié à ce sujet. Cependant, permettez-moi de fixer votre attention sur un point capital: *Malgré toutes les découvertes réalisées par les cosmologues à ce jour, la terre demeure la seule planète où la vie est présente.* Hugh Ross, docteur en astronomie, a fait la démonstration que pour que la vie puisse exister, quelle que soit sa forme, plus de deux douzaines de paramètres de l'Univers doivent se situer dans des fourchettes très étroites[17] :

1. **La constante de l'interaction nucléaire forte :**
   Si elle était plus élevée : pas d'hydrogène ; les noyaux essentiels à la vie seraient instables.
   Si elle était plus petite : pas d'éléments autres que l'hydrogène.

2. **La constante de l'interaction nucléaire faible :**
   Si elle était plus élevée : trop d'hydrogène converti en hélium dans le *Big Bang*, et donc trop d'éléments lourds synthétisés par combustion stellaire ; pas d'expulsion d'éléments lourds par les étoiles.
   Si elle était plus petite : pas assez d'hélium formé dans le *Big Bang*, et donc pas assez d'éléments lourds produits par combustion stellaire ; pas d'expulsion d'éléments lourds par les étoiles.

3. **La constante gravitationnelle :**
   Si elle était plus élevée : les étoiles seraient trop chaudes, se consumeraient trop vite et de manière trop irrégulière.
   Si elle était plus petite : les étoiles resteraient si froides que la fusion nucléaire ne se déclencherait jamais, et donc aucune production d'éléments lourds n'aurait lieu.

4. **La constante de la force électromagnétique :**
   Si elle était plus élevée : liaisons chimiques trop faibles ; les éléments plus lourds que le bore seraient trop instables pour la fission.
   Si elle était plus petite : liaisons chimiques trop faibles.

5. **Rapport de la constante électromagnétique et la constante gravitationnelle :**
   Si il était plus élevé : pas d'étoiles de masse inférieure à 1,4 fois celle du Soleil, donc des durées de vie stellaires courtes et des luminosités stellaires variables.
   Si il était plus petit : pas d'étoiles dont la masse dépasse 0,8 fois celle du Soleil, donc pas de production d'éléments lourds.

6. **Rapport de la masse de l'électron à la masse du proton :**
Si il était plus élevé : les liaisons chimiques seraient trop faibles.
Si il était plus petit : idem.

7. **Rapport du nombre de protons au nombre d'électrons :**
Si il était plus élevé : l'électromagnétisme dominerait la gravité, empêchant la formation de galaxies, d'étoiles et de planètes.
Si il était plus petit : idem.

8. **Taux d'expansion de l'Univers :**
Si il était plus élevé : pas de formation de galaxies.
Si il était plus petit : l'Univers s'effondrerait avant la formation d'étoiles.

9. **Niveau d'entropie de l'Univers :**
Si il était plus élevé : pas de formation de protogalaxies.
Si il était plus petit : pas de condensation stellaire dans les protogalaxies.

10. **Densité massique de l'Univers :**
Si elle était plus élevée : trop de deutérium se formerait durant le *Big Bang*, entraînant une combustion trop rapide des étoiles.
Si elle était plus petite : pas assez d'hélium se formerait durant le *Big Bang*, donc pas assez d'éléments lourds par la suite.

11. **Vitesse de la lumière :**
Si elle était plus élevée : les étoiles auraient une luminosité trop grande.
Si elle était plus réduite : les étoiles auraient une luminosité insuffisante.

12. **Âge de l'Univers :**
Si il était plus ancien : pas d'étoile (de la famille du Soleil) dans une phase de combustion stable et située correctement dans la galaxie.
Si il était plus jeune : les étoiles (de la famille du Soleil) dans une phase de combustion stable, ne se seraient pas encore formées.

13. **Uniformité du rayonnement primordial:**
Si elle était plus lisse: les étoiles, les amas stellaires et les galaxies ne se seraient pas formés.
Si elle était plus irrégulière: l'Univers serait essentiellement constitué de trous noirs et d'espace vide.

14. **Constante de structure fine (quantité utilisée pour décrire les structures fines des lignes spectrales):**
Si elle était plus élevée: l'ADN ne pourrait pas fonctionner, pas d'étoile de masse dépassant 0,7 fois celle du Soleil.
Si elle était plus petite: l'ADN ne pourrait pas fonctionner, pas d'étoile de masse inférieure à 1,8 fois celle du Soleil.

15. **Distance moyenne entre galaxies:**
Si elle était plus grande: trop peu de de gaz serait absorbé par notre galaxie pour entretenir la formation d'étoiles pendant une durée convenable.
Si elle était plus petite: l'orbite solaire serait trop radicalement perturbée.

16. **Distance moyenne entre étoiles:**
Si elle était plus grande: densité d'éléments lourds trop faible pour la formation de planètes rocheuses.
Si elle était plus petite: les orbites planétaires seraient déstabilisées.

17. **Vitesse de désintégration du proton:**
Si elle était plus élevée: la vie serait anéantie par le dégagement de radiations.
Si elle était plus réduite: pas suffisamment de matière dans l'Univers pour la vie.

18. **Rapport entre le niveau d'énergie du carbone (^{12}C) et de l'oxygène (^{16}O):**
Si il était plus élevé: pas assez d'oxygène.
Si il était plus petit: pas assez de carbone.

19. **Niveau quantique fondamental de l'hélium (^{4}He):**
Si il était plus élevé: pas assez de carbone et d'oxygène.
Si il était plus petit: idem.

20. **Vitesse de désintégration du béryllium (^{8}Be):**
Si elle était plus rapide: pas de production d'éléments au-delà du béryllium, et donc chimie de la vie impossible.

Si elle était plus lente : la fusion des éléments lourds générerait des explosions catastrophiques dans toutes les étoiles.

21. **Excès de masse du neutron par rapport au proton :**
Si il était plus élevé : la désintégration des neutrons en laisserait trop peu pour former les éléments lourds essentiels à la vie.

Si il était plus petit : la désintégration des protons provoquerait l'effondrement rapide de toutes les étoiles pour donner des étoiles à neutrons ou des trous noirs.

22. **Excès initial du nombre de nucléons par rapport au nombre d'antinucléons :**
Si il était plus élevé : trop de radiations pour la formation de planètes.

Si il était plus petit : pas assez de matière pour la formation de galaxies ou d'étoiles.

23. **Polarité de la molécule d'eau :**
Si elle était plus élevée : les chaleurs de fusion et de vaporisation seraient trop grandes pour que la vie puisse exister.

Si elle était plus petite : les chaleurs de fusion et de vaporisation seraient trop petites pour que la vie puisse exister, l'eau à l'état liquide deviendrait un solvant trop médiocre pour la chimie de la vie ; la glace ne flotterait pas, ce qui entamerait une glaciation par un phénomène d'emballement.

24. **Éruptions de supernova :**
Si elles étaient trop proches : les radiations décimeraient la vie sur la planète.

Si elles étaient trop lointaines : pas assez d'éléments lourds dans les «cendres» stellaires pour la formation de planètes rocheuses.

Si elles étaient trop fréquentes : la vie sur la planète serait décimée.

Si elles étaient trop rares : pas assez d'éléments lourds dans les «cendres» stellaires pour la formation de planètes rocheuses.

Si elles étaient trop précoces : pas assez d'éléments lourds dans les « cendres » stellaires pour la formation de planètes rocheuses.

Si elles étaient trop tardives : la vie sur la planète serait décimée par les radiations.

25. **Naines blanches binaires :**

Si elles étaient trop peu nombreuses : pas assez de fluor formé pour permettre la chimie de la vie.

Si elles étaient trop nombreuses : déstabilisation des orbites planétaires en raison de la densité stellaire ; la vie sur la planète serait décimée.

Si elles étaient trop précoces : pas assez d'éléments lourds formés pour permettre un bon rendement dans la production de fluor.

Si elles étaient trop tardives : le fluor se formerait trop tard pour être incorporé dans les protoplanètes.

26. **Rapport de la quantité de matière exotique à la quantité de matière ordinaire :**

Si il était plus élevé : l'Univers s'effondrerait avant que des étoiles de la taille du Soleil puissent se former.

Si il était plus petit : les galaxies ne se formeraient pas.

De plus, Hugh Ross déclare que la terre a préparé le terrain à la vie par le biais d'une multitude de paramètres finement réglés, paramètres de notre galaxie, de notre étoile, de notre planète et de notre lune. Il a calculé que pour qu'il y ait la présence de la vie sur une planète, il faut qu'environ 41 conditions soient présentes simultanément. Par exemple :

- Si notre étoile mère (c.-à-d. le Soleil) avait une luminosité trop forte, elle entraînerait un effet de serre par emballement. Mais une trop faible luminosité entraînerait une glaciation = absence de vie.

- Si la Terre était trop loin de son étoile mère, elle serait trop froide pour permettre le cycle de l'eau et si elle en était trop proche, elle serait trop chaude pour permettre le cycle de l'eau = absence de vie.

- Si la terre avait une période de rotation plus longue, les écarts de température diurne seraient trop grands et si elle était plus courte, la vitesse des vents serait excessive = absence de vie.

- Si le niveau d'ozone dans l'atmosphère était plus élevé, les températures de surface seraient trop basses, et s'il était moins élevé, les températures de surface seraient trop élevées; il y aurait trop de radiations UV = absence de vie.

- Si l'interaction gravitationnelle avec la Lune était trop grande, les effets de marée sur les océans, l'atmosphère et la période de rotation, seraient trop sévères; si elle était trop faible, des variations dans l'obliquité de l'orbite donneraient naissance à des instabilités climatiques et l'échange d'éléments nutritifs et de vie entre les océans et les continents serait insuffisant; le champ magnétique serait trop faible = absence de vie.

Selon le docteur Ross, la probabilité de voir les 41 conditions nécessaires à l'apparition de la vie sur une planète se produire simultanément est de 10^{-53}. Puisque nous estimons un nombre possible maximum de planètes dans l'Univers à 10^{22}, en l'absence d'intervention divine, il existe moins d'une chance sur un quintillion que seulement UNE planète de ce type existe dans l'Univers. La mise en lumière de ce degré de planification et de réglage de l'Univers provoque un impact majeur chez les astronomes, dont George Greenstein qui a émis la réflexion suivante:

> «En passant en revue tous les faits, une pensée surgit immanquablement: il doit y avoir un agent surnaturel, ou plutôt un "Agent" qui entre en jeu. Est-il possible que soudainement, sans en avoir l'intention, nous soyons tombés sur la preuve scientifique de l'existence d'un être suprême? Serait-ce l'intervention divine qui aurait modelé de façon si providentielle le cosmos dans notre intérêt?»[18]

Vera Kistiakowsky, physicienne au MIT et ancienne présidente de l'Association des Femmes de Science, fit ce commentaire: «L'ordre exquis que révèle notre compréhension scientifique du monde physique exige l'intervention du divin.»[19] Le théoricien de la physique, Tony Rothman, conclut en ces mots un article de vulgarisation du principe anthropique (l'idée que l'Univers possède des caractéristiques étroitement définies qui permettent l'existence d'un habitat pour les humains) :

> « *Le théologien médiéval qui contemplait le ciel nocturne avec les yeux d'Aristote et qui voyait des anges guider le mouvement des sphères en harmonie, est devenu le cosmologue moderne qui contemple le même ciel avec les yeux d'Einstein et qui voit la main de Dieu, non dans les anges, mais dans les constantes de la nature... Confronté à l'ordre, à la beauté de l'Univers et aux coïncidences étranges de la nature, il est tentant de faire le saut de la science à la religion par un acte de foi. Je suis certain que de nombreux physiciens veulent le faire. J'aimerais simplement qu'ils l'admettent.* »[20]

La plus merveilleuse de mes découvertes

Comme tout bon scientifique, je souhaite avoir atteint les objectifs que je m'étais fixés au départ, c'est-à-dire avoir réussi à briser les faux concepts ou préjugés associés à la relation entre *croire* et *savoir* et à vous avoir démontré que *foi* et *science* ne sont absolument pas incompatibles. J'espère vous avoir prouvé que le mythe que tente de perpétuer le *Code Da Vinci* – à savoir qu'il n'y a pas de scientifiques chrétiens et que les croyants de l'Histoire et de notre monde moderne sont forcément ignorants, bizarres, isolés et sans éducation – est complètement dépassé et qu'il est grand temps de le mettre au rancart. N'en déplaise à Dan Brown, il existe encore aujourd'hui, et cela a été vrai tout au long de l'Histoire, des scientifiques qui croient en l'existence de Dieu et considèrent la Science comme un moyen de le connaître. Je désire et j'ose même espérer que ces quelques lignes ont permis de mettre en lumière que la Science peut être une méthode qui confirme les vérités absolues de la Bible et permet également de mettre au grand jour le rôle joué par le Dieu créateur dans *la complexité de l'infiniment petit et dans le réglage si précis de l'infiniment grand.* Toutes mes années de recherche m'ont conduite à croire que l'existence de l'Univers et celle des êtres vivants ne peuvent être le résultat de simples coïncidences, du hasard ou de processus aléatoires. Beaucoup d'hommes et de femmes influents dans le monde de la Science ont confirmé et confirment toujours cet état de fait. Plus nous découvrons les grandeurs et l'absolu de la création, plus l'admiration pour son ordre parfait s'accroît, nous révélant le Créateur... *« La puissance sans limites de Dieu et ce qu'il est lui-même sont des réalités qu'on ne voit pas. Mais depuis la création du monde, l'intelligence peut les connaître à travers ce qu'il a fait. Les êtres humains sont donc sans excuse.... »* (*Romains 1.20*)

Si vous me le permettez, je terminerai ce chapitre sur une note plus personnelle. Je suis une jeune femme à l'aube de la quarantaine (chaque jour compte avant de franchir le cap des quarante ans!), mariée à un homme extraordinaire et mère de deux merveilleux et précieux enfants. J'ai été élevée par des parents exceptionnels. Ils m'ont aimée passionnément et m'ont donné ce qu'il y a de meilleur. J'ai grandi dans un milieu aisé, ma famille travaillait dans le domaine médical et mes parents ont su très tôt me communiquer la passion de chercher pour trouver un remède, une solution, pour parvenir à soigner les maladies. Mon père fait partie de cette catégorie de médecins qui ont ce qu'on appelle *« une vocation »*; de ces hommes et femmes touchés par les malades et dévoués à leur cause. J'ai dédié plusieurs années de ma vie à lire et à écrire, à apprendre afin de comprendre. Je ne compte plus les heures passées dans les universités et dans les laboratoires à chercher, chercher et chercher encore pour arriver à trouver. Trouver quoi? me direz-vous. Des réponses, des solutions, des mécanismes d'actions, des voies de signalisation et beaucoup de subventions (tous les scientifiques de ce monde comprendront!).

«L'ordre exquis que révèle notre compréhension scientifique du monde physique exige l'intervention du divin ».

Je considère que je suis une femme accomplie et choyée par la vie. Cependant, je vais certainement vous surprendre en vous confiant que malgré tout cela, ma plus grande découverte a été de «le découvrir», lui, ce Dieu si grand et si puissant. C'est un mythe de penser que la foi en Dieu est le lot des faibles, une sorte de *« béquille »* pour les simples et les pauvres d'esprit. Chacun d'entre nous croit en quelque chose, que ce soit au destin, en nous-mêmes, en l'astrologie, en la réincarnation, en la méditation, en la science ou en un être suprême. Nous avons tous soif de vérité et nous sommes tous en quête de bonheur et de contentement. Les fondements de notre foi diffèrent peut-être selon ce que nous avons expérimenté ou entendu, mais il n'en demeure pas moins que nous avons besoin de croire en quelque chose de plus grand que nous-mêmes. Quelque chose ou quelqu'un qui puisse nous donner des réponses, nous guider, donner un sens à notre vie et répondre à la question fondamentale que tout être humain se pose : « Qu'y a-t-il après la mort ? »

Malgré une vie d'abondance, j'ai réalisé que j'étais en quête du vrai bonheur. Tout ce que j'étais ou ce que j'avais, ne pouvait répondre à cette recherche. Bien que je sois une femme cartésienne, dotée d'un esprit logique, j'ai dû faire face à la réalité que l'intelligence sans la plénitude de l'âme et du cœur n'est qu'une intelligence artificielle. À partir du moment où j'ai placé ma foi en Dieu et où j'ai pris le temps de le connaître, l'espace vide qu'il y avait dans mon cœur a été parfaitement comblé. J'ai découvert alors le véritable contentement et je vis aujourd'hui avec le sentiment que ma vie à un sens et que je ne suis pas seule lorsque je marche vers ma destinée. Lorsque j'ai traversé les moments les plus difficiles de ma vie, au niveau professionnel mais surtout au niveau personnel, lorsque j'ai affronté la maladie de mon enfant et la mort de gens qui m'étaient chers, j'ai pu traverser ces épreuves en toute sérénité et sécurité car je savais que le Créateur de l'infiniment petit et de l'infiniment grand marchait à mes côtés. Quel sentiment, quelle paix et quel privilège ! Aucune connaissance, aucun raisonnement ni aucune théorie ne peut vous procurer cette plénitude. Ce même Dieu veut aussi marcher à vos côtés…

Le maître Léonard, la Mona Lisa et le véritable mystère du Code Da Vinci

*« Le portrait de la Joconde (la Mona Lisa) n'est ni mâle,
ni femelle et il porte un message subtil d'androgynie.
Il peut, en fait, être un portrait de Léonard en tant que
femme ! Le nom « Mona Lisa » est une anagramme de la
divine union des dieux masculins et des déesses féminines…
La Sainte Cène peinte par Léonard de Vinci est la fresque
la plus célèbre de tous les temps. **Elle est, en fait, la clé
de tout le mystère…** » Dan Brown dans le Code Da Vinci* [1]

*« Je veux, en effet, que vos cœurs soient consolés, que
vous puissiez découvrir et que vous soyez enrichis par
l'amour avec une pleine certitude **afin que vous puissiez
connaître le mystère de Dieu, Jésus-Christ**, en qui vous
trouverez tous les trésors
de la sagesse et de la connaissance. Je dis cela afin que
personne ne vous mente par de vains discours trompeurs… »
L'apôtre Paul dans son épître aux Colossiens,
chapitre 2, versets 2 et 3*

Léonard de Vinci était un génie, brillant, talentueux, contemplatif et énigmatique. C'est un des plus grands peintres de l'Histoire, un scientifique, un inventeur et un homme à la personnalité extrêmement complexe. Beaucoup de choses ont été écrites à son sujet, mais peu de livres modernes ont déformé la vie et les œuvres de ce remarquable personnage historique autant que le *Code Da Vinci*. Le docteur Jack Wasserman, professeur d'art et d'histoire à l'université Temple est un expert dans les œuvres de Léonard de Vinci. Il a relevé des dizaines d'erreurs factuelles dans le best-seller de Dan Brown et a même dit : « Presque tout ce qui est dit dans ce livre, sur Léonard, est faux. »[2] Vous l'avez lu au début de ce chapitre, « La Sainte Cène » de De Vinci est la pièce maîtresse du roman de Dan Brown et prouve, selon lui, ses théories farfelues. La conservatrice en chef de l'église où est peinte cette fameuse fresque a accordé une interview à Katie Couric, la populaire animatrice du *Today Show* sur la chaîne de télévision américaine NBC. Voici leur échange, debout à quelques mètres de l'œuvre historique :

> *« Couric : Que pensez-vous des théories du Code Da Vinci sur la fresque de la "Sainte Cène" ?*
>
> *Conservatrice : Tout cela fait un bon roman, mais une très mauvaise leçon d'Histoire.*
>
> *Couric : Que voulez-vous dire ?*
>
> *Conservatrice : Chère Katie, j'ai consacré ma vie à l'œuvre de Léonard et les douze dernières années à cette fresque. Il n'y a pas un semblant de fait historique ou de réalité dans les prétentions du Code Da Vinci au sujet des œuvres du Grand Maître. »[3]*

Selon les personnages principaux du *Code Da Vinci*, la fresque renferme le « mystère dans son ensemble ». Le livre repose sur les soi-disant « informations historiques » que l'on retrouve dans l'œuvre même de Léonard de Vinci. Dan Brown a vendu plus de trente millions d'exemplaires de ce roman avec son prétendu « mystère ». L'apôtre Paul et la Bible entière nous annoncent, eux aussi, un mystère mais celui-ci est d'une tout autre nature.

Si Léonard pouvait parler...

Dans ce dernier chapitre, nous allons examiner quelques-unes des propositions du best-seller qui concernent l'œuvre de Léonard à la lumière de l'histoire de l'art et des faits. Nous dévoilerons par la suite le véritable mystère du *Code Da Vinci*. Allons-y.

Le Code Da Vinci: « La Joconde (la Mona Lisa) est un portrait féminin, de Léonard lui-même, en l'honneur de la déesse dont il était un disciple. Le nom "Mona Lisa" est formé à partir des noms des deux déesses égyptiennes, "Amon" et "Isis".» (pages 120, 121)

Les faits: D'abord, la fabulation du *Code Da Vinci* atteint son paroxysme quand il va jusqu'à prétendre que la Mona Lisa représente le peintre lui-même en femme. Cette invention est mise en pièces par l'historien et docteur en histoire de l'art Serge Bramly. Dans *Léonard, l'homme et l'artiste,* des années avant le roman de Dan Brown, il fait la remarque suivante: «La théorie de l'autoportrait ou d'un homme est absurde et sans fondement historique.»[4] Le portrait de la Joconde est celui d'une femme, tout simplement. C'est le consensus de tous les historiens sérieux. La plupart des experts l'identifient comme étant Lisa Gherardini del Giocondo, l'épouse de Francesco del Giocondo. Mais certains suggèrent plutôt le nom de Costanza d'Avalos ou d'Isabelle d'Este pour l'inspiration du tableau[5]. Ensuite, contrairement aux affirmations du *Code Da Vinci,* le Grand Maître n'a pas nommé cette toile en l'honneur de déesses égyptiennes. Les experts affirment qu'il ne lui a même pas donné de nom du tout! Les inventaires datant d'aussi loin que 1525 nomment simplement cette peinture «Portrait d'une femme.»[6] Enfin, le nom qui nous est familier, Mona Lisa, est apparu en 1550 dans l'encyclopédie d'art *La vie des artistes* et n'a absolument rien à voir avec des déesses égyptiennes. Il signifie simplement Madame Lisa[7] en italien!

> Le nom Mona Lisa n'a absolument rien à voir avec des déesses égyptiennes. Il signifie simplement Madame Lisa en italien!

Le Code Da Vinci: «Dans son ouvrage "Les cahiers sur la polémique et la spéculation", Léonard a fait les commentaires suivants sur la Bible et le Nouveau Testament : "Plusieurs se sont enrichis avec des illusions et de faux miracles, trompant les multitudes stupides. L'ignorance aveugle nous fait faire fausse route. Oh, pauvres mortels, ouvrez vos yeux".» (page 231)

Les faits : La première phrase du célèbre artiste citée ici par le *Code Da Vinci* ne concerne absolument pas la Bible. Ironiquement, elle confronte les alchimistes, ces pseudo scientifiques ésotériques et mystiques de l'époque, (le genre d'individus qui ont écrit les «évangiles secrets» dont Dan Brown fait si souvent mention). Léonard De Vinci les dénonce comme étant de faux interprètes de la nature et des fumistes qui manipulent les foules pour quelques pièces d'argent[8]. La dernière phrase ne fait pas non plus référence à la Bible et n'est même pas dans *Les cahiers sur la polémique et la spéculation*. Elle se trouve dans l'ouvrage *Les Morales*. Non seulement Brown se trompe de livre mais en plus il fabrique une citation et altère le sens des mots du peintre, qui n'ont absolument rien à voir avec la Bible, le Nouveau Testament ou la religion[9] !

───※◇◇◇※───

Le Code Da Vinci : «Léonard a été président du Prieuré de Sion de 1510 à 1519, dirigeant cet ordre millénaire qui protégeait les secrets de Marie-Madeleine, de Jésus, des faux évangiles et des déesses féminines.» (page 113)

Les faits : Ces affirmations sont basées sur les *Derniers secrets d'Henri Lobineau*, un document frauduleux fabriqué en 1967 (plus de 400 ans après Léonard !), par Pierre Plantard – celui-là même qui (nous en avons parlé il y a quelques chapitres) a plaidé coupable, avec ses acolytes, à des accusations de falsification de documents et fraude devant des tribunaux français[10] !

───※◇◇◇※───

Le Code Da Vinci : «La fresque "La dernière Cène" contient plusieurs messages cachés révélant que Marie-Madeleine est en fait le Saint-Graal ; que c'est elle qui est à côté de Jésus et non l'apôtre Jean ; que la peinture crie au monde entier qu'ils sont un couple et que plusieurs signes indiquent la haine de Pierre pour Marie-Madeleine. Léonard dévoilait ainsi le secret millénaire du Saint-Graal. » (pages 243 – 248)

Les faits : Selon le *Code Da Vinci*, on trouve dans cette fresque « tout le mystère du Saint-Graal » et la prémisse fondamentale du livre entier. C'est ce qu'on appelle « une tempête dans un verre d'eau » ou comme diraient les Anglais « *Much ado about nothing* » (trop de bruit pour rien). Tous les historiens sérieux s'entendent là-dessus, il était commun pour les artistes de l'époque de peindre des jeunes hommes, comme Jean aux côtés de Jésus, avec des traits délicats[11]. Léonard l'a fait dans plusieurs autres œuvres pour lesquelles il a clairement établi qu'il s'agissait d'hommes[12]. Le docteur Bruce Boucher, curateur de l'Institut des arts, sculptures et décorations européennes de Chicago, explique que la physionomie de Jean reflète parfaitement la façon dont les artistes florentins peignaient traditionnellement ce disciple du Seigneur : « *Saint Jean est invariablement représenté comme un jeune homme aux traits fins dont la proximité avec le Christ était soulignée par le fait qu'il était assis à sa droite.* »[13] De plus, les experts sont unanimes quant au fait qu'il n'y a aucune représentation de Marie-Madeleine dans la fresque de Léonard sur le dernier repas de Jésus avec ses douze disciples. Et si le personnage à sa droite est Marie-Madeleine, où est Jean ?

Il est inconcevable pour les experts et les historiens que le Grand Maître Léonard ait peint une fresque sur Jésus et les douze inspirée de l'Évangile de Jean, sans inclure Jean lui-même, l'auteur de ce récit biblique et « le disciple que Jésus aimait ». Quant à la « haine de Pierre » pour Marie-Madeleine (qui n'est pas dans la peinture !), c'est de la pure fabulation. Dans l'œuvre magistrale du peintre italien, les disciples semblent réagir lorsque Jésus annonce la trahison de Judas[14]. Pierre aussi est touché par ces paroles et veut apparemment parler avec Jean sans que Judas l'entende.

L'expert de renommée mondiale Bruce Boucher, cité un peu plus tôt, termina une interview d'août 2003 avec le *New York Times* au sujet du *Code Da Vinci* et des œuvres de Léonard de Vinci avec cette déclaration:

> «*Il est clair que le Code Da Vinci n'a absolument rien à voir avec le vrai Léonard. Peut-être puis-je vous répondre avec les sages paroles de l'artiste lui-même qui, s'il était vivant aujourd'hui, serait révolté de la récupération et de la manipulation dont son œuvre est l'objet. Je crois qu'il considérerait le sujet clos avec ces mots, tiré de son cahier sur "Les Morales": "Mentir est si vil que même si c'était pour parler de choses divines, cela entacherait un peu la grâce de Dieu. C'est la vérité qui doit nourrir les grands esprits".*»[15]

En fin de compte, le «mystère» du *Code Da Vinci* est bien décevant. Au moment où j'écris ces lignes, Dan Brown est devant les tribunaux, pour répondre à des accusations de plagiat. Selon les médias électroniques mondiaux, le verdict du procès pourrait même bloquer la sortie de l'adaptation cinématographique de son livre. L'étude de certains sites Internet très populaires consacrés au *Code Da Vinci*, révèle qu'un nombre grandissant d'internautes écrit pour dire qu'ils se sentent étrangement déçus ou floués par cet ouvrage. Des articles parus récemment dans des publications aussi sérieuses que le *New York Times* et le *Washington Post* décrivent ce phénomène en croissance exponentielle[16]. Des milliers de personnes sont frustrées, peinées, révoltées, quand elles apprennent que le roman n'est absolument pas factuel et que son château de cartes s'écroule au moindre souffle de recherche, d'honnêteté et de rigueur intellectuelle.

J'aimerais vous dévoiler un «mystère» qui ne vous décevra jamais. L'apôtre Paul donne cet avertissement à tous les lecteurs du *Code Da Vinci*: «*Il faut que vous ne laissiez personne vous mentir en vous trompant par des discours vains qui vous empêchent de découvrir **le mystère de Dieu, Christ,** car en lui vous découvrirez un trésor inépuisable de sagesse, de consolation, d'amour et de connaissance...*»[17]

Lorsque vous lisez le mot «mystère» dans le Nouveau Testament c'est le mot grec «*mysterion*» (moos-tay-ree-on) qui est utilisé[18]. C'est un mot riche et magnifique. Il ne veut pas dire mystère dans le sens d'incompréhensible, inexplicable ou d'énigme introuvable ou même de difficile à saisir. Le mot « *mysterion* » signifie simplement quelque chose qui vous était inconnu, « ce que vous ne connaissiez pas ». C'est pour cela que j'écris avec une certaine virulence afin de dénoncer les mensonges du *Code Da Vinci*. L'enjeu n'est pas un roman, une œuvre de fiction ou encore de savoir qui a raison à propos des pseudo codes secrets camouflés dans une peinture de Léonard de Vinci il y a des centaines d'années ! Non, ce qui me pousse à écrire c'est plutôt le fait que le *Code Da Vinci* contribue à garder caché la plus grande et la plus belle de toutes les choses que vous ne connaissez pas. De toutes les révélations et de tous les mystères, ce qui est réellement le plus extraordinaire et potentiellement transformateur c'est : le *mysterion* de Dieu, Jésus-Christ. Il n'est ni un prophète ni un sage comme les autres, ni une icône religieuse. Il est Fils de Dieu, le « *mysterion* » que Dieu désire vous faire découvrir et qui peut changer votre vie. Il est le Christ ressuscité parce que justement il est Fils de Dieu. Aucun personnage dans toute l'expérience humaine ne peut être comparé à lui. Écoutez quelques-uns des plus brillants écrivains et philosophes de notre ère alors qu'ils décrivent Jésus-Christ, le Fils de Dieu, le *mysterion*, celui que vous ne connaissez peut-être pas vraiment, mais qui vous appelle à lui.

> **Jean-Jacques Rousseau**, poète et philosophe français le plus cité de la littérature européenne, dans son livre classique *Émile* :
>
> « *Il n'y a aucune comparaison entre Christ et toute autre figure humaine ou divine. Pourrions-nous supposer le témoignage évangélique une œuvre de fiction ? Au contraire, l'histoire de Socrate, que personne ne présume fictive, est infiniment moins attestée et vérifiée que celle de Jésus-Christ.* »

> **Docteur Phillip Schaff**, historien et auteur de 31 volumes sur l'histoire des civilisations, chef du département d'histoire à l'université Yale :
>
> « *Quels que soient les héros historiques choisis, l'étude approfondie du personnage conduit toujours à la déception. Toute grandeur humaine diminue lorsqu'elle est étudiée plus soigneusement. Le héros révèle toujours ses pieds d'argile, ses* »

failles d'humanité. Christ, au contraire, dans sa beauté, son message, sa pureté, son infaillibilité, son humilité et son omnipotence devient plus brillant, plus incomparable au fil des siècles ».

E.M. Blaiklock, professeur d'études classiques à l'université d'Auckland :
« Je suis un historien de carrière et de vocation. Ma façon d'aborder le sujet des Classiques est une démarche historique. Et je vous déclare que l'évidence de la vie, de la mort et de la résurrection de Christ est plus corroborée et authentifiée que la plupart des faits de l'Histoire Antique. »

Paul Maier, historien et archéologue de l'université de Cambridge :
« ... si toutes les évidences sont considérées avec soin et de manière juste, il est en effet justifiable, selon les canons de la recherche historique, de conclure que le sépulcre de Joseph d'Arimathée, dans lequel Jésus fut mis en tombe, était en fait vide le matin de la première Pâques. Et il n'y a aucune parcelle d'évidence qui ait à ce jour été découverte dans les sources littéraires, les épitaphes ou l'archéologie qui pourrait contredire cette déclaration. »

Napoléon 1er :
« Alexandre le Grand, César, Charlemagne et moi avons fondé des empires ; cependant sur quelle base reposaient-ils ? Sur la force. Seul Jésus a fondé son empire sur l'amour ; et jusqu'à ce jour, des millions mourraient pour lui. »

Mahatma Gandhi :
« Un homme qui était complètement innocent, qui s'est offert en sacrifice pour le bien des autres, y compris ses ennemis, et qui est devenu la rançon du monde. C'était un acte parfait. »

Docteur Charles Malik (Liban), ancien secrétaire général des Nations Unies :
« Je me demande ce qu'il resterait de la civilisation et de l'Histoire si l'on éliminait l'influence directe ou indirecte du Christ dans la littérature, l'art, la vie quotidienne, la

morale et la créativité dans les différentes activités de la pensée et de l'esprit. »

Charles Dickens :
« Je voudrais imprimer sur vos cœurs, plus que la somme de tous mes écrits, la vérité et la beauté de la religion chrétienne communiquée par Christ lui-même et l'impossibilité d'être dans l'erreur si vous la respectez et la pratiquez humblement et avec sincérité. »

Léo Tolstoï, dans les dernières années de sa vie :
« Pendant 35 ans de ma vie, j'ai été athée, moqueur, enragé et nihiliste, un homme qui ne croyait en rien. Il y a cinq ans, la foi en Christ a rempli mon cœur. Comment ai-je pu garder mes yeux loin de lui pendant si longtemps ? J'ai cru en Christ et en son message et mon existence entière a connu une transformation totale. La vie et même la mort ont changé pour moi. Au lieu du désespoir, j'ai goûté à la vie, à la joie, au pardon, à l'espoir et à un bonheur que même la mort ne pourra pas m'enlever. »

William Shakespeare :
« Il n'y en a eu qu'un seul qui ait été Dieu-homme et homme-Dieu et son nom est Jésus-Christ. Il est le seul pur parmi les plus puissants de l'Histoire et le plus puissant parmi les purs. Il est le Christ incomparable devant qui l'humanité doit plier le genou. »[19]

Et pour finir, voici ce qu'a déclaré le penseur et homme de science français Blaise Pascal : « Dans le cœur de l'homme il y a un vide qui a la forme de Dieu. »[20] Je suis entièrement d'accord avec lui. Et la Bible nous explique que Dieu a placé dans chaque humain « la pensée de l'éternité. »[21]

Le cri d'une génération

Il y a en chacun de nous une soif de réponses, de rédemption, de pardon absolu, une quête de sens, un besoin d'être aimé inconditionnellement. Notre monde moderne peut s'étourdir, s'abrutir, s'engourdir et se divertir ad vitam æternam (jusqu'à son dernier souffle) mais dans la chambre de nos cœurs, dans la forêt des mal-aimés, le vide et la noirceur demeurent. Nous avons besoin de réponses. Des millions de personnes n'ont plus aucune tolérance pour une église stérile, rituelle, injuste, dépassée, confinée et étouffante, pathétique et cruellement inutile. Mais il y a un peuple québécois et francophone qui crie son désarroi de toutes sortes de façons et qui cherche Dieu. Je crois que plusieurs de nos chanteurs et artistes modernes, qui ont souvent le doigt sur le pouls de leur génération, représentent de véritables «voix pour les multitudes». L'apôtre Paul a écrit que *«c'est notre monde entier (la création entière) qui attend avec un ardent désir, qui soupire pour la révélation de ceux qui connaissent Dieu.»*[22] Je suis absolument convaincu que ce cri pour Dieu peut être entendu partout. Je crois vraiment que les artistes sentent dans leur cou le souffle chaud et haletant d'une génération confuse et désespérée, et qu'ils la portent sur leurs épaules lorsque, assis devant une page blanche, ils prennent la plume. Écoutez les mots tout simples, mais beaux et d'une grande profondeur de Boom Desjardins et Kevin Parent, auteurs-compositeurs québécois. Ils expriment la soif d'une génération pour un Dieu et une église vivants, puissants, capables de faire une différence réelle lorsqu'ils sont blessés ou «coupés jusqu'à l'os», les êtres humains ont besoin de force, de consolation et d'un espoir qui n'est pas accessible humainement.

Des millions de personnes n'ont plus aucune tolérance pour une église stérile, rituelle, injuste (...) et cruellement inutile.

Boom Desjardins, extrait de la chanson *Dieu*:
Dieu
T'es où Dieu ?
C'est où que tu te caches quand j'en arrache
C'est où que tu te terres quand c'est la guerre
Quand j'suis perdu
Pis que j'en peux pus
Quand y'as pus de soleil aux alentours
Quand y'as pus d'amour depuis 3 jours
Dieu
T'es où Dieu ?

Kevin Parent, chanson intitulée *Seigneur*

Seigneur Seigneur qu'est-cé qu'tu veux que j'te dise ?
Y a plus rien à faire j'suis viré à l'envers
J'aimerais m'enfuir mais ma jambe est prise
Seigneur Seigneur qu'est-cé qu'tu veux que j'te dise ?
Son indifférence m'arrache la panse
Pis j'pense plus rien qu'à mourir
Mon rôle dans la vie n'est pas encore défini
Pourtant je m'efforce pour qu'il soit accompli
Je le sais faut tout que je recommence
Mais Seigneur j'ai pas envie

Seigneur Seigneur je l'sais tu m'l'avais dit
Respecte ton prochain réfléchis à demain
Car la patience t'apportera de belles récompenses
Travaille avec entrain pour soulager la faim
De la femme qui t'aime elle en a de besoin
Elle a besoin d'un homme fidèle qui sait en prendre soin
Lucifer Lucifer t'as profité d'ma faiblesse
Pour m'faire visiter l'enfer
Mais je t'en veux pas c'est moi
Qu'a pensé que j'pourrais être chum avec toi
Mais j'm'ai ben faite avoir mon chien de Lucifer
Le sexe l'alcool les bars et la drogue
C'est le genre d'illusion que j'consomme
Si on est ce que l'on mange Seigneur
Tu sais ben que trop que j'serai jamais un ange
Mais j'veux changer de branche
Filtrer mon passé pis sortir mes vidanges
J'aimerais prendre le temps de faire la paix avec quelques souffrances
Oui j'aimerais prendre le temps de faire la paix avec quelques souffrances

Je comprends le cœur de ces chansons, car elles représentent un cri sourd, que j'ai porté en moi secrètement pendant des années. Il faut que ma vie compte ! Il faut qu'il y ait plus que travailler, acheter des trucs, faire des voyages, vivre le plus longtemps possible puis mourir !

Il y a quelques années au Québec, un grand poète s'est éteint : Dédé Fortin, le chanteur d'un groupe appelé

187

«Les colocs». Il écrivait magnifiquement. Sa carrière artistique était à son apogée. C'était une bête de scène, un «*showman*» hallucinant. Profondément attachant, il avait gagné le cœur du Québec. Ses chansons jumelaient des rythmes internationaux et jouissifs à des textes rieurs, provocateurs, souvent profonds, vibrant avec une grande conscience sociale et une sensibilité à fleur de peau. Alors qu'il avait tout, qu'il devenait une étoile de la chanson et un artiste de plus en plus reconnu, Dédé mourait «en-dedans», écorché vif. En mai 2000, après des semaines d'isolement et de dépression profonde, il appela son agent pour lui demander de l'inviter à souper et de lui préparer un plat de saumon qu'il aimait particulièrement. Il se resservit plusieurs fois, remercia son ami avec une affection qui sur le moment avait un peu dérouté celui-ci, puis il disparut dans la nuit. Dans les heures et jours qui suivirent, Dédé Fortin écrivit ce texte poignant où nous pouvons ressentir le mal de vivre qui lui serrait la gorge. Je vous avoue que ses mots me bouleversent profondément. Pendant que vous les lisez, faites-y bien attention, car derrière ces lignes il y a une génération qui a besoin de foi. Elle se meurt de connaître un Dieu personnel qui apaise, libère, délivre et donne un sens à la vie; un Dieu d'espoir et de paix. Dans les dernières heures de sa vie, ce grand poète à l'âme assoiffée cherchait ce que le matérialisme moderne promet, mais qu'il ne peut jamais accorder. Le sens de la vie, la rédemption, le courage de vivre, la liberté.

Dédé Fortin, *Comme le temps est pesant*
Comme le temps est pesant en mon âme escogriffe
Un grand ciel menaçant, un éclair qui me crie
Ton cœur est malicieux, ton esprit dans ses griffes
Ne peut rien faire pour toi et tu es tout petit

Les nuages voyageurs font des dessins abstraits
Ils me parlent de bonheur que jamais je n'entends
Je pourrais faire comme eux et partir sans délai
Léger comme une poussière transportée par le vent

Et dans la solitude de ma danse aérienne
Le courage revenu, je trouverais les mots
Je réciterais sans cesse des prières pour que vienne
La douleur du silence d'un éternel repos, mais...

Épuisé que je suis je remets à plus tard
Le jour de mon départ pour une autre planète
Si seulement je pouvais étouffer mon cafard
Une voix chaude me dirait : tu brilles comme une comète

Je suis comme une loupe que le soleil embrasse
Ses rayons me transpercent et culminent en un point
Allument le feu partout où se trouve ma carcasse
Et après mon passage il ne reste plus rien

Et dans la solitude de ce nouveau désert
J'aurais tout à construire pour accueillir la paix
Et tout mon temps aussi pour prévenir l'univers
Que la joie est revenue et qu'elle reste à jamais... mais...

Condamné par le doute, immobile et craintif,
Je suis comme mon peuple, indécis et rêveur,
Je parle à qui veut de mon pays fictif
Le cœur plein de vertige et rongé par la peur

Après avoir écrit ces mots émouvants et magnifiques, Dédé Fortin s'est enfoncé un poignard dans le ventre. Selon les médecins, il est mort dans de longues et atroces souffrances. Son corps a été retrouvé dans une mare de sang. Pouvez-vous imaginer à quel point sa souffrance intérieure le tenaillait, l'étouffait ? Quel est ce désespoir qui pousse quelqu'un à un geste si violent, si absolu et si fou ? Comme des milliers d'autres au Québec, il était prêt à l'impensable, à l'irréversible pour faire cesser cette souffrance. Chaque année dans notre province et dans la Francophonie, des dizaines de milliers de personnes s'enlèvent la vie. D'autres s'étourdissent, s'engourdissent ou s'éteignent un peu plus chaque jour. Il y a un *mysterion*, que vous ne connaissez pas encore, qui peut changer votre vie. Jésus est infiniment plus que la figure de proue d'une grande religion. Il est vivant et il est Dieu. Un Dieu personnel, puissant, un Dieu de possibilités et de pardon sans limites. Le **mysterion** de Dieu vous invite.

Le *Code Da Vinci* déclare que le mystère est une personne : Marie-Madeleine. Je vous annonce que le mystère est effectivement et éternellement une personne : Jésus-Christ ressuscité. Marie-Madeleine vous le dirait elle-même !

El Cristo de Velsquez

Regardez ce texte de l'évangile de Matthieu (28.1-9) :

> *« Après le sabbat, à l'aube du premier jour de la semaine, Marie-Madeleine et l'autre Marie allèrent voir le sépulcre. Et voici, il y eut un grand tremblement de terre ; car un ange du Seigneur descendit du ciel, vint rouler la pierre, et s'assit dessus. Son aspect était comme l'éclair, et son vêtement blanc comme la neige. Les gardes tremblèrent de peur, et devinrent comme morts. Mais l'ange prit la parole, et dit aux femmes : Pour vous, ne craignez pas ; car je sais que vous cherchez Jésus qui a été crucifié. Il n'est point ici ; il est ressuscité, comme il l'avait dit. Venez, entrez dans le lieu où il était couché, et allez promptement dire à ses disciples qu'il est ressuscité des morts. Et voici, il vous précède en Galilée : c'est là que vous le verrez. Voici, je vous l'ai dit. Elles s'éloignèrent promptement du sépulcre, avec crainte et avec une grande joie, et elles coururent porter la nouvelle aux disciples. Et voici, Jésus vint à leur rencontre, et dit : Je vous salue. Elles s'approchèrent et elles se prosternèrent devant lui pour l'adorer. »*

Marie-Madeleine et l'autre Marie cherchaient Jésus qui avait été crucifié à mort à la croix. L'ange leur dit quelque chose de formidable : *« Venez, entrez dans le lieu où il était »*. Chaque année le dimanche matin de Pâques, où que je sois dans le monde, je pose aux foules réunies la question suivante : « Pourquoi l'ange a-t-il roulé la pierre ? » Il y a invariablement quelqu'un qui répond : « Pour laisser Jésus sortir ! » Chers amis, c'est toute la puissance divine qui a ressuscité Jésus d'entre les morts ! Jésus n'avait pas besoin d'un « portier angélique » pour l'aider à quitter le tombeau ! Non, l'ange a roulé la pierre afin que nous puissions entrer dans la dimension de la puissance surnaturelle de la résurrection ! C'est l'accomplissement du plan rédempteur que chaque être humain puisse aussi être invité à « entrer dans la résurrection ». L'apôtre Paul nous rappelle l'offre divine du *mysterion* de Dieu : *« Si le même esprit qui ressuscita Christ demeure en vous, il vous redonnera (ravivera, ramènera) la vie*[23] *! »* Nous pouvons tous aujourd'hui expérimenter la puissance du Christ ressuscité dans nos vies !

Marie-Madeleine s'est approchée et elle l'a adoré. Vous pouvez, vous aussi, vous approcher de lui, de ses Évangiles, de son message, de son Église. Le Christ ressuscité lui a dit : *« N'aie pas peur »* et a fait d'elle la première évangéliste. Elle a couru annoncer sa résurrection à ses disciples et deux mille ans plus tard des centaines de millions l'adorent encore et marchent dans la puissance de sa résurrection, découvrant une nouveauté de vie. Le *mysterion* vous invite et vous appelle à lui : *« Venez à moi, vous tous qui êtes chargés et fatigués et je vous donnerai du repos. »*[24]

Remarquez la **simplicité** de l'invitation. Il y a toutes sortes d'invitations dans la vie. Il y en a que nous ne voulons absolument pas accepter... Par exemple, il y a longtemps, dans ma jeunesse chaotique et assez « rock and roll », je me suis retrouvé un soir dans un bar particulièrement mal famé. Au bout de plusieurs heures et une quinzaines de verres de trop, je parlais et riais fort lorsqu'un monstre barbu de 150 kilos se leva. Il portait une veste de cuir arborant le sigle (la patch, comme on dit au Québec !) d'un club de motards. Il pointa un doigt menaçant vers moi et cria : « Toi, tu viens dehors avec moi ! Je vais te régler ton compte ! » C'est le genre d'invitation qu'on ne veut absolument pas accepter ! Il y a aussi des invitations qui nous font hésiter... Lorsque je me suis retrouvé pour la première fois dans un avion Cessna à deux mille mètres d'altitude, suspendu à l'aile de l'appareil tout juste après avoir terminé l'aspect théorique de mon cours de parachutisme et que l'instructeur m'a crié : « Vas-y ! Lâche ! Saute ! », j'ai réalisé qu'il y a des invitations qui nous font hésiter !

L'invitation de Jésus est d'une **simplicité** désarmante et miraculeuse. *« Venez à moi »*. Les religions proposent des rites et des dogmes, certains théologiens et philosophes compliquent tout, écrivent des thèses interminables et multiplient les discours, mais Jésus dit : Venez à moi, tels que vous êtes, avec vos doutes, vos questions, vos colères, vos peurs, vos blessures et vos erreurs. Venez à moi, vous qui avez connu des échecs, manqué votre coup ou qui êtes passés à côté de vos rêves. Le mot péché dans la Bible signifie simplement « manquer la cible. »[25] Y a-t-il un seul lecteur ou une seule lectrice de ce livre qui me regarderait dans les yeux et me dirait : « Je n'ai jamais péché, je n'ai jamais manqué la cible » ? Jésus invite à la repentance tous ceux qui sont prêts à reconnaître leurs fautes et leur besoin d'être pardonnés. Le mot repentance dans son sens biblique veut dire : « changer de direction. »[26]

Lorsqu'un être humain vient à Dieu, par Jésus-Christ, et répond sincèrement à son invitation, il y a des choses magnifiques, surnaturelles, inexplicables et divines qui prennent place. Vous êtes-vous déjà demandé pourquoi le christianisme évangélique est toujours, deux mille ans plus tard, le mouvement religieux qui grandit le plus rapidement au monde ?[27] Alors que des gouvernements, des empires politiques et philosophiques, ont tout fait pendant des générations entières pour essayer de l'écraser, de le dénigrer et de faire disparaître la pensée chrétienne, le *mysterion* de Dieu triomphe et se multiplie aux quatre coins du monde ! La raison en est simple. Quels que soient l'époque ou l'arrière-plan, de la croix à nos jours, l'homme ou la femme qui répond à cette invitation n'est pas déçu.

Nous avons débuté l'Église Nouvelle Vic à Longueuil il y a quelques années avec une poignée de familles. Aujourd'hui, plus de trois mille personnes fréquentent notre église chaque semaine et au rythme de notre croissance actuelle, nous serons plus de cinq mille d'ici cinq ans. Nous contribuons à l'implantation d'églises, à Montréal et ailleurs au Québec, qui sont en croissance elles aussi. Un journaliste qui faisait un reportage sur notre église me faisait remarquer qu'il lui était impossible d'établir le « profil type » de la personne qui fréquente l'Église Nouvelle Vie. Il y a des gens de tous les âges. Plus de cinq cents jeunes participent à notre pastorale jeunesse, des gens d'affaires et des professionnels côtoient des familles d'immigrants et des gens dans le besoin aidés par notre banque alimentaire. En tout, ce sont plus de trente nationalités qui sont représentées dans notre famille « Nouvelle Vie » !

Nous ne sommes qu'une église parmi des milliers d'autres à travers la Francophonie. Cette magnifique mosaïque humaine a quelque chose de particulier : tous ceux et celles qui la composent ont répondu à l'invitation de Christ et la multitude, une personne à la fois, n'est pas déçue. Il y a une *simplicité surnaturelle* à l'invitation : « *Venez à moi* ». Considérez maintenant avec moi son caractère *sublime: « Venez à moi, vous tous qui êtes chargés et fatigués »*. Le mot « sublime » se définit ainsi : beau, divin, élevé, extraordinaire, noble, parfait, qui est le plus élevé dans la hiérarchie des valeurs morales, qui mérite l'admiration, qui est transcendant[28].

Ce que tellement de Québécois, Québécoises et Francophones ne connaissent pas encore, c'est cette dimension *sublime* de l'invitation de Christ. *«Venez à moi vous tous qui êtes chargés et fatigués...»* Y a-t-il un seul de vous, qui ne soit pas interpellé ou concerné par cette invitation? Jésus dit «vous tous». C'est tout le spectre de l'arc-en-ciel humain qui est invité. Quelle que soit la couleur de notre peau, notre nationalité, notre arrière-plan religieux ou social, notre expérience de vie, Jésus nous appelle tous à expérimenter son pardon, sa grâce, sa force, sa paix et à vivre les valeurs de son message. Il dit encore, «vous tous» et vous appelle par votre nom.

Son cœur est pour les indécis, les sceptiques, les blessés, les battants, les décideurs, les mal-aimés, ceux qui ont souffert et ceux qui ont fait souffrir. Il appelle ceux qui se croient trop forts pour avoir besoin de lui et ceux qui considèrent «en avoir trop fait» pour être dignes de lui. Il appelle les femmes et les hommes, les jeunes et ceux qui sont plus âgés, les «beaux» de notre société et les bannis. L'invitation de Christ est *sublime*. Elle est extraordinaire et transcende toutes les barrières humaines. Elle est sans préjudice et permet à l'être humain de s'élever vers ce qu'il y a de plus beau moralement et spirituellement.

J'ai regardé récemment le DVD d'un événement magnifique. Il s'agissait d'un immense rassemblement chrétien dans un pénitencier où des milliers d'hommes étaient réunis pour entendre l'Évangile, la Bonne Nouvelle, l'invitation qui transforme les vies, les cœurs et les destinées. Ce qui m'a le plus frappé c'est de découvrir que les conférenciers invités n'étaient autres que Nicky Cruz et Chuck Colson. Ces chrétiens sont actifs, depuis de nombreuses années, dans des ministères et organisations qui viennent en aide aux détenus et à leurs familles à travers le monde. Ils sont tous les deux passionnés par cette cause en dépit du fait que leurs arrière-plans sont diamétralement opposés. Ces deux hommes ont répondu à l'invitation *sublime* de Christ et ont expérimenté le *mysterion* miraculeux, ce qu'ils ne connaissaient pas auparavant, mais qui a radicalement, merveilleusement et irrémédiablement modifié et élevé le cours de leurs existences.

Nicky Cruz naquit à Puerto Rico dans une famille très pauvre, violente, criminelle et dysfonctionnelle. Il fut battu et abusé pendant toute son enfance. Lorsque sa famille immigra à New York dans les années 1950, il se joignit rapidement à des gangs qui comptaient des centaines de membres tous plus vicieux et brutaux les uns que les autres. Sa vie était une longue nuit sombre noyée dans le crime, l'alcool et les drogues, remplie d'une extrême violence, de cruauté et d'actes abjects et répugnants. Les «Mau Mau» (nom de leur gang) couraient les rues comme une meute de loups sauvages et enragés. Être battu, poignardé ou jeté en prison ne faisait qu'endurcir Nicky Cruz.

Dans un de ses livres témoignages, il raconte cette expérience hallucinante. Une nuit, il se trouvait sur le toit d'un édifice de Harlem, cela faisait plusieurs jours qu'il consommait des drogues dures et buvait sans même manger, lorsqu'un de ses lieutenants surgit sur la toiture en tirant une fille par les cheveux. Deux membres du gang l'avaient aidé à la kidnapper dans la rue et ils l'emmenaient là pour la violer tour à tour. Nicky écrit avec honte et horreur que ces hommes avaient mis une cagoule sur son visage. Un des violeurs particulièrement sadiques décida, sous les ricanements bestiaux des prédateurs qui l'entouraient, de la lui enlever. Il fut alors traumatisé de découvrir que celle que les autres avaient kidnappée, battue et violentée, était sa petite sœur! Nicky raconte que l'homme en question, comme

> «Y a-t-il quelqu'un qui peut m'aider ?»
> Il détestait sa vie mais ne voyait aucune autre issue que la mort...

poussé par ses démons intérieurs, courut en hurlant se jeter en bas de l'immeuble de dix étages.

De telles horreurs se multiplient dans nos grandes villes modernes. Ici à Montréal, les récits sadiques et insensés d'adolescentes violées, tuées à coups de bouteille, poignardées et toutes sortes de meurtres et de violences gratuites sont monnaie courante. Nicky Cruz dit qu'il passait des jours entiers à marcher dans les rues en criant en silence: «Est-ce qu'il y a quelqu'un qui peut m'aider?» Il détestait sa vie, était dégoûté par ses amis, haïssait la haine qui brûlait en lui mais ne voyait aucune autre issue que la mort.

À la même époque, un jeune pasteur de la Pennsylvanie rurale priait. Il était responsable d'une petite église de fermiers et d'agriculteurs, vivant l'existence simple et exigeante de ceux qui travaillent la terre. Un soir, David Wilkerson vit, sur la première page d'un journal new-yorkais, des photos de l'arrestation des membres d'un gang de rue qui avaient battu à mort un homme handicapé dans un fauteuil roulant, pour quelques dollars. Alors qu'il priait, une pensée folle, inimaginable, ne le quitta plus : Tu vas aller à New York, leur parler de Dieu et devenir leur pasteur. David Wilkerson combattit longtemps ce qui lui semblait insensé, dérisoire et irréalisable.

Il n'y a pas de limites au *mysterion* de Dieu. L'apôtre Paul, persécuteur meurtrier devenu messager d'amour et de possibilités pour Christ, nous rappelle que *« L'œil n'a pas vu, l'oreille n'a pas entendu et le cœur des êtres humains ne peut pas concevoir tout ce que Dieu a de préparé pour eux. »*[29] David Wilkerson décida finalement d'aller passer quelques jours à New York. Il n'y avait jamais mis les pieds, n'avait jamais bu une goutte d'alcool ni touché à quelque drogue que ce soit de toute sa vie. Il n'avait aucune expertise ni stratégie. Le récit extraordinaire de son aventure à New York, *La croix et le poignard*, est devenu un des livres chrétiens les plus vendus des cinquante dernières années. Il a été porté à l'écran par un grand studio hollywoodien et des millions de personnes ont vu ce film.

Quand David Wilkerson rencontra Nicky Cruz dans la rue et lui parla d'espoir, de salut, de nouvelle naissance et de l'invitation divine qui change tout, Nicky explosa de rage et de menaces : « Si tu me parles de ça une autre fois, gronde-t-il, en lui plaçant un couteau sur la gorge, je vais te couper en mille morceaux. »[30] Wilkerson lui répondit : « Alors Nicky, ces mille morceaux vont te dire que Jésus t'aime et qu'il a une autre vie pour toi. » Nicky fut nuit et jour obsédé par ces mots. Un soir il alla assister à une conférence de Wilkerson et, au bout du rouleau, il se tourna sincèrement vers Dieu. Jésus a dit : « Venez à moi vous tous ». L'invitation est **sublime** et elle peut libérer et élever les êtres humains au-dessus de tout ce qu'ils ont connu et été.

Dans les mois qui suivirent, des centaines de membres de gangs, des gars et des filles aux prises avec la violence, le crime et la toxicomanie, se joignirent à lui et découvrirent le *mysterion* de Dieu. Ils voulaient une nouvelle vie. Ils reçurent la puissance pour faire ce qu'ils n'étaient jamais parvenus à faire par eux-mêmes. Ils devinrent sobres, pardonnèrent, apprirent à sourire, à aimer, à faire confiance à d'autres et à croire en eux-mêmes, à nouveau. Il fallait s'occuper d'eux. Soutenu par quelques gens d'affaires chrétiens, David Wilkerson ouvrit un premier centre à Brooklyn qu'il nomma *Teen Challenge* (Défi Jeunesse). Aujourd'hui, trente ans plus tard, il y a des centaines de centres *Teen Challenge* aux États-Unis et dans une dizaine de pays à travers le monde[31]. Une étude du gouvernement américain sur ces centres révèle que leurs programmes chrétiens ont le meilleur taux de succès aux États-Unis en ce qui concerne les toxicomanes qui arrêtent de consommer pour de bon, sans récidive. De plus, un documentaire télévisé de PBS pour la célèbre émission d'informations *Frontline*, a aussi essayé d'expliquer pourquoi leur taux de réussite était tellement supérieur à celui de dizaines d'autres programmes plus conventionnels. Le reportage mettait en évidence le fait que la dimension de foi chrétienne, d'engagement, de pardon et de prière était la clé du succès, autrement inexplicable, des centres fondés par David Wilkerson. Ils ont nommé ce phénomène « *The Jesus Factor* » (le facteur Jésus)[32].

David Wilkerson est toujours à New York dans l'église qu'il a fondée et dans laquelle, chaque semaine, se réunissent plus de dix mille personnes. J'ai eu le privilège au fil des années d'être invité des centaines de fois pour prêcher à cette église unique et merveilleuse et j'ai vu, de mes yeux, que le miracle continue. En plein cœur de Times Square à Manhattan, au carrefour des Nations, 51ᵉ avenue et Broadway, le *mysterion* de Dieu, Jésus, lance une invitation à laquelle des milliers de gens répondent[33] et dans laquelle ils trouvent la puissance de la résurrection[34]. Nicky Cruz est sobre depuis plus de trente ans. Il est marié, père et même grand-père maintenant, auteur de nombreux livres et conférencier invité dans le monde entier[35]. Il consacre sa vie aux plus pauvres et aux gangs de rue des grandes villes américaines, ainsi qu'aux détenus qui croupissent derrière les barreaux de pénitenciers dans des conditions inacceptables et inhumaines. C'est sa passion pour les jeunes désespérés des pires prisons du monde qui le conduisit à œuvrer et à collaborer avec Chuck Colson.

Des plus hautes sphères du pouvoir au fin fond de la prison

L'invitation *sublime* de Christ nous appelle tous, où que nous soyons sur l'échelle de la vie. Les arrière-plans familiaux, sociaux et culturels de Nicky Cruz et de Chuck Colson sont aux antipodes de l'un de l'autre. Si le témoignage de la vie de Nicky est devenu un livre intitulé *La croix et le poignard*, le récit de l'existence de Chuck Colson aurait pu s'appeler « Du plus haut sommet au bas-fond d'une cellule de prison ».

Charles Wendell « Chuck » Colson naquit à Boston en 1931. Il grandit avec ce que la vie a de mieux à offrir. Étudiant brillant et athlète accompli, il semblait réussir tout ce qu'il entreprenait. Diplômé de la prestigieuse université Brown, il décrocha aussi un doctorat de l'université George Washington. Il fit son service militaire dans un bataillon d'élite des *Marines*, le fleuron des forces armées américaines. Il devint avocat et sa carrière prit un essor vertigineux. Après s'être couvert de gloire dans les cabinets privés et les firmes d'avocats les plus influentes des États-Unis, il entra par la grande porte à Washington où sa carrière politique le propulsa aux plus hauts sommets. Il était bien loin de Nicky Cruz et des gangs meurtriers et barbares des ghettos de New York. Il devint le conseiller particulier du président Richard Nixon en 1969, à seulement 38 ans. Il occupa cette fonction pendant quatre des années les plus tumultueuses de l'histoire des États-Unis. Son bureau dans la *West Wing* bien connue de la Maison Blanche était à côté de celui du président qu'il côtoyait chaque jour. En 1971, il fut nommé « un des hommes les plus influents de la planète » par le *Washington Post*. Il était au pinacle de la gloire, du succès et du pouvoir.

Lorsqu'il était enfant puis jeune homme au collège, Colson rêvait de changer le monde, d'aider son prochain et de faire une réelle différence. Il délaissa une éducation religieuse plutôt superficielle pour étudier à l'université. Brillant et efficace, il était aussi un travailleur acharné, doté d'une intelligence redoutable et d'une ambition sans bornes. Il était implacable envers ses ennemis et plus craint qu'apprécié par ses confrères. La presse écrite des années 1970 aux États-Unis le jugeait « incapable d'avoir une pensée humanitaire[36] ». Il admet aujourd'hui qu'à cette époque « tous les coups étaient permis et qu'il était prêt à faire à peu près n'importe quoi pour la cause de son président et celle de son parti politique. »[37] Son ambition finira par le perdre. En 1974, Colson, plusieurs de ses confrères et le président Nixon lui-même furent impliqués dans le scandale du Watergate qui secoua l'Amérique. Ils furent reconnus coupables d'écoute électronique illégale et «d'obstruction à la justice». Nixon fut forcé de quitter la présidence, il fut démis (*impeached*) de ses fonctions. Colson fut arrêté et plaida coupable. Les médias le crucifièrent, l'opinion publique se déchaîna contre lui. Il était ruiné, démoli, un homme fini, devenu un objet de honte nationale et de mépris mondial. Il fut incarcéré en 1974 dans la prison Maxwell en Alabama où il restera pendant sept mois (sa sentence était de 1 à 3 ans avec la possibilité d'une réduction de peine parce qu'il n'avait aucun casier judiciaire).

L'homme qui avait voulu changer le monde, qui avait conseillé les chefs d'état, était assis là dans sa cellule, et il voulait mourir. Sa honte l'étouffait. Il n'avait pas eu de problèmes de drogue et d'alcool, n'avait pas été abusé et ne venait pas d'une famille défavorisée. Il avait été lui-même l'artisan de son échec. La dépression et le désespoir habitaient avec lui dans cette cellule et le tourmentaient jour et nuit. Jésus, le *mysterion* de Dieu a dit: «*Venez à moi, vous tous qui êtes chargés et fatigués et je vous donnerai du repos*». Colson n'avait que du mépris pour toute forme de religion, qu'il considérait comme une béquille pour les faibles. Il écrivit que ce qui le torturait le plus, c'était le sentiment qu'il ne pourrait plus jamais être un « homme bien ». Il était convaincu qu'il n'y avait plus aucune possibilité pour lui d'accomplir quelque chose de significatif dans sa vie. Vous n'avez pas besoin d'être un membre de gang à New York, un conseiller du Président ou de vous trouver dans une cellule de prison pour avoir besoin du repos, de la paix et de l'espoir que la foi chrétienne offre à chaque être humain.

Tom Philips, un ami avocat de Chuck Colson jouissant d'une grande carrière lui aussi, était devenu chrétien en étudiant la Bible quelques années auparavant. Il se trouvait au summum de sa réussite financière et de sa carrière mais son mariage était au bord du gouffre. Philips avait découvert le *mysterion* de Dieu et une foi chrétienne qui, peu à peu, ranimaient l'espoir, permettaient la réconciliation et un changement dans son couple qui sauvera sa famille. Il offrit à Chuck Colson une copie du livre *Mere Christianity* (Le simple christianisme) du célèbre philosophe C.S. Lewis (auteur des *Chroniques de Narnia*). Colson le dévora, commença à lire la Bible plusieurs heures chaque jour et un soir, dans une expérience simple mais d'une grande profondeur, abandonna sa vie à Dieu. Il se joignit en prison à un groupe biblique. Journaux et magazines le ridiculisaient sans pitié. Pourtant, un reporter du *Boston Globe* qui suivait sa carrière depuis des années et qui, ne connaissait que trop bien «l'ancien Colson», écrivit dans son journal: *«Si monsieur Colson peut se repentir de ses péchés, il y a peut-être un espoir pour n'importe qui.»*[38]

Pendant ces mois en prison, Chuck Colson vécut une transformation. Son épouse dira plus tard que c'est un homme nouveau qui sortit du pénitencier. Il pria, écrivit des lettres d'excuses à ceux auxquels il avait fait du mal. Il chercha à réparer le tort qu'il avait fait, à faire amende honorable. Il était profondément touché par la condition des détenus et de leurs familles. Il découvrit leur solitude, leur désespoir et leur sentiment d'être complètement oubliés dans leur trou par le reste du monde. Un jour qu'il discutait avec des codétenus qui purgeaient de très longues sentences, l'un d'eux dit hargneusement: «Toi, tu vas sortir dans quelques mois. Tu te fous bien de nous.» Colson se surprit à répondre: «Je vous promets que je ne vous oublierai pas.»

Trente ans plus tard, il tient promesse chaque jour. *Prison Fellowship Ministries*, l'organisme qu'il a fondé, est la plus grande organisation dans le monde à s'occuper des prisonniers et de leurs proches. Colson y consacre la totalité des profits de la vente des vingt-trois livres qu'il a écrits (plus de cinq millions de copies vendues), depuis trois décennies. Les milliers de bénévoles qui œuvrent dans cet organisme extraordinaire sont actifs dans les pires pénitenciers de trente pays[39].

Colson n'a jamais cessé de visiter des prisonniers. C'est encore aujourd'hui un chrétien engagé, un époux, un père et un grand-père ainsi qu'un porte-parole et un représentant magnifique du *mysterion* qui changea sa vie. Christ a fait cette promesse: *«l'Esprit du Seigneur est sur moi, car il m'a envoyé afin d'ouvrir les yeux des aveugles, de guérir des cœurs brisés et d'ouvrir les portes de prison de tous ceux qui sont captifs. »*[40] Quelle que soit la prison du passé, du cœur ou de l'esprit dans laquelle vous êtes captifs, la promesse de Christ est réelle et apte à vous libérer. C'est cette passion inaltérée qui fait qu'aujourd'hui, nous retrouvons Chuck Colson debout aux côtés de Nicky Cruz dans un pénitencier, afin d'offrir aux détenus de tous âges les témoignages saisissants de vies transformées. Celles de deux hommes qui ont répondu à l'invitation si **simple**, si **surnaturelle** et si **sublime** de Christ.

La véritable Église

J'aimerais conclure ce livre en proclamant la **sécurité** et la **singularité** de cette invitation du *mysterion* de Dieu, du Christ vivant. *« Venez à moi, vous tous qui êtes chargés et fatigués et je vous donnerai du repos. »*[41] J'aime la définition de ces deux mots. « **Sécurité**: état d'esprit confiant, stable, solide et tranquille d'une personne qui se sait et se sent à l'abri du danger... **Singularité**: caractère exceptionnel de ce qui se distingue et qui est digne d'être remarqué par des traits peu communs. »[42] Lorsque Jésus dit, *« Je vous donnerai »*, il y a dans cette promesse une **sécurité** et une **singularité** inégalées. Nous vivons dans un monde de promesses brisées. Des documentaires comme *Les voleurs d'enfance*, de Paul Arcand et Denyse Robert, peignent un portrait terrifiant d'une génération d'enfants abusés, victimes de parents qui ont violé leurs engagements les plus élémentaires. Chaque enfant a le droit d'attendre de ses parents qu'ils s'engagent à l'aimer, à le respecter et à le protéger et nous sommes, socialement, « à feu et à sang » lorsque cette promesse n'est pas respectée.

Où pouvez-vous trouver cette **sécurité** à notre époque? Qui tiendra sa promesse? En qui pouvons-nous avoir confiance? Tant de nos contemporains ne croient plus aux promesses des grandes multinationales, des firmes d'investissement, des partis politiques ou même de l'Église. Il y a des millions de Québécois et de Québécoises qui ont été trahis et abusés par l'Église. Les enfants de Duplessis ont eu des enfants et c'est maintenant plusieurs générations qui sont cyniques, méfiantes et qui ont perdu confiance dans ses promesses. Dans les *Invasions barbares*, le cinéaste Denys Arcand dresse un portrait sardonique, implacable et infiniment triste de notre société moderne. Il est aussi sans pitié pour l'Église, et les crimes qu'elle a commis dans le passé. Les *Invasions barbares*, qui ont remporté à Hollywood l'Oscar du meilleur film étranger, dépeignent une fresque sociale d'une troublante justesse et comportent plusieurs scènes extrêmement marquantes. J'ai vu une scène vers la fin du film, pendant un vol en provenance de l'Europe, qui m'a profondément interpellé. Dans cette scène, un vieux prêtre reçoit une experte en œuvres d'art religieuses. Il l'accueille et la dirige vers des sous-sols caverneux où sont entassés des centaines de statues, d'icônes et de reliques du passé. Il désire connaître la valeur marchande de ces objets pour les lui vendre. Écoutez bien leur échange :

> *« Le prêtre : Ici au Québec, autrefois, tout le monde était catholique comme en Irlande ou en Espagne. Puis, à un moment très précis en 1966, en quelques mois, les églises se sont brusquement vidées. Maintenant, on sait plus quoi faire avec tout ça. Les autorités voudraient savoir si quelque chose de tout cela a une valeur quelconque.*
>
> *L'antiquaire : Une valeur marchande ?*
>
> *Le prêtre : Oui.*
>
> *L'antiquaire : Écoutez. Tout cela a sans doute une grande valeur pour les gens sur le plan de la mémoire collective, mais honnêtement, je ne vois pas ce que vous pourriez vendre.*
>
> *Le prêtre : **Autrement dit, tout cela ne vaut absolument rien !** » (Le prêtre murmure tristement ces mots alors que la caméra s'arrête sur une icône d'une autre époque.)*

Mon sang s'est glacé dans mes veines lorsque dans l'avion, j'ai entendu ces mots. « Autrement dit, tout cela ne vaut absolument rien », c'est le cri d'un peuple amer et déçu d'une Église qui n'a pas tenu ses promesses. *« Les gens croient en Dieu… mais les églises sont vides ».* C'est ce qu'on lisait, il y a quelques années, dans les manchettes du journal montréalais *La Presse* la semaine avant Noël[43]. Le *mysterion* de Dieu, celui que vous ne connaissez pas, le Christ vivant, vous fait un serment, une promesse d'une absolue *sécurité* et *singularité*. Lorsqu'il déclare, «je vous donnerai du repos», il ne manquera jamais à sa promesse. En tant que pasteur et leader chrétien, je suis totalement et passionnément engagé à mener une vie d'intégrité et de droiture. Je veux, avec chaque fibre de mon être, faire partie d'une église chrétienne vraie, généreuse, authentique, sincère, sans fards ni hypocrisie. Nous voulons offrir au peuple de la Francophonie une Église chrétienne à la hauteur et à l'image de

> « Les gens croient en Dieu... mais les églises sont vides ».

Christ. C'est l'œuvre et l'engagement de nos vies. Nous sommes absolument imparfaits, mais consacrés à une vision qui consiste à vous présenter le *mysterion* de Dieu dans toute sa splendeur et sa pertinence.

Ne tombez pas dans le piège du *Code Da Vinci*. Ne demeurez pas loin de Christ parce que l'Église vous a blessés, déçus ou révoltés. La véritable Église chrétienne, ce n'est pas des bâtiments ou des cathédrales. L'Église est composée de pierres vivantes, d'hommes et de femmes de tous les âges qui, dans toutes les nations ont répondu à son invitation et ont trouvé le repos, la paix, le pardon, l'espoir et une confiance pour vivre sur cette terre et dans le monde à venir. Ma prière et mon cri, c'est que ce livre ait pu éveiller en vous un désir de considérer de plus près l'invitation du *mysterion* de Dieu, le Christ ressuscité et vivant à travers une Église chrétienne bien humaine, bien limitée, mais habitée de l'Esprit de la résurrection qui lui, est amour, partage, pardon, justice, paix et pureté. Bien simplement, j'aimerais vous dire que si l'Église du passé vous a déçus, lui ne vous décevra jamais.

L'apôtre Jean a terminé son évangile avec ces mots: «*Si on écrivait en détail tout ce que Jésus est pour nous, ce qu'il a fait et ce qu'il peut accomplir en nous et par nous, je ne pense pas que le monde même pourrait contenir les livres qu'on écrirait.*»[44] Je suis d'accord avec Jean. Ce que la foi en Christ a accompli dans des millions d'êtres humains à travers les âges et ce qu'elle peut produire surnaturellement en vous est sans limites. C'est avec l'encre du sang de son Fils, Jésus, mort et ressuscité pour vous, que Dieu désire écrire les prochains chapitres de votre vie. «*À ceux qui le* recevront, il donne la puissance, le pouvoir, la possibilité de devenir... »[45] Il y a une personne et une potentialité en vous qui peuvent seulement s'épanouir si vous répondez à l'invitation de Christ. Vous expérimenterez alors une naissance spirituelle et une puissance surnaturelle qui vous permettront de devenir les hommes et les femmes que Dieu a désiré que vous soyez.

> « Qui les hommes disent-ils que je suis ? demanda Jésus à ses disciples.
>
> Pierre répondit : « Tu es le Christ, le Fils du Dieu vivant. »
>
> Jésus lui dit : « C'est sur cette révélation que je bâtirai mon église. »[46]

Je vous invite à vous joindre à nous, devenons ensemble, dans notre monde, à notre époque, l'Église du Christ ressuscité !

Pasteur Claude Houde,
témoin moderne de sa résurrection

Notes

Chapitre un

1. De Vinci, Léonard, *Polemics – Speculation and Morals*, in Richter, Projet Gutenberg, www.gutenberg.org
2. Brown, Dan, *Da Vinci Code*, New-York, Doubleday Fiction, 2003, p. 235.
3. Brown, Dan, *Da Vinci Code*, New-York, Doubleday Fiction, 2003, p. 14.
4. Garlow, James, Jones, Peter, *Cracking the Da Vinci Code*, Colorado Springs, Cook Communications, 2004.
5. Brown, Dan, *Da Vinci Code*, New-York, Doubleday Fiction, 2003, p. 253.
6. Lutzer, Ervin W., *The Da Vinci Deception*, Wheaton, Tyndale Publishing, 1994.
7. Klinghoffer, David, *Books, Arts and Manners*, The National Review, le 8 octobre 2003.
8. Brown, Dan, interviewé par Matt Lauer à l'émission *The Today Show*, le 9 juin 2003.
9. Le magazine littéraire *Bookpage*. Numéro d'avril 2003.
10. Greeley, Andrew, "Da Vinci is more fantasy than fact", *The National Catholic Reporter*, le 3 octobre 2003.
11. Hilliard, Juli Cragg, ABC Special Examiner Da Vinci Codes Ideas, Publishers Weekly, Religion Bookline.
12. Reardon, Patrick R., "The Da Vinci Code Unscrambled", Tempo, *The Chicago Tribune*, le 5 février 2004.
13. Question de Pilate trouvée dans l'évangile de Jean 18.38.
14. Miesel, Sandra, *Dismantling the Da Vinci Code*, http://www.visionmagazine.com, septembre 2003.

15. Sir Ramsay, William, *The Bearing of Recent Discovery on the Trustworthiness of the New Testament*, The James Sprunt Lectures at Union Theological Seminary in Virginia, 1913, reprinted, Grand Rapids, Baker House, 1953.

16. Montgomery, John Warwick, *History and Christianity*, Inter-Varsity Press, 1970, 3e édition, Bethany Fellowship, 1986.

17. Ramon, Bernard, *Protestant Christian Evidence*, Chicago, Moody Press, 1957.

18. Hanegraff, Hank, Maier, Paul L., *The Da Vinci Code Fact or Fiction*, Wheaton, Tyndale Publishing, 2004.

19. Greenleaf, Simon, cité par Maier, Paul L. dans *The Da Vinci Code Fact or Fiction*, Wheaton, Tyndale Publishing, 2004.

20. Flavius, Josèphe, Eusebius, *The History of Church, Antiquities*, Penguin Books, England, 1965.

21. La Bible, épître de Jacques 1.1, Version Louis Segond

22. Flavius, Josèphe, Eusebius, *The History of Church, Antiquities*, Penguin Books, England, 1965.

23. La Bible, Actes des Apôtres, chapitres 8 et 9. L'apôtre Paul a, par la suite, écrit les deux tiers du Nouveau Testament

24. Moreland, J.P., cité par Maier, Paul L., dans *The Da Vinci Code Fact or Fiction*, Wheaton, Tyndale Publishing, 2004.

25. Brown, Dan, *Da Vinci Code*, New-York, Doubleday Fiction, 2003.

26. En janvier 1998, une terrible tempête de verglas s'abat sur le sud-est du Québec. Selon Statistiques Canada, ce fut «la pire tempête de verglas qu'ait connu le Canada de mémoire d'homme». Le nombre des personnes qui ont dû se réfugier dans les centres d'hébergement mis en place par la Sécurité Civile est estimé à 100 000.

27. Compagnie au Québec qui fournit l'électricité.

28. www.salvationarmy.com

29. Publié dans le *Presbyterian Record*, décembre 2004, traduction libre par Luc Déry.

Chapitre deux

1. Rubin, Steve, cité par Goldstein, Bill, *The New York Times*, le 21 avril 2003, www.nytimes.com

2. Brown, Dan, en entrevue avec Borders, sans date, www.borderstores.com

3. Le Dictionnaire Robert Illustré d'aujourd'hui, Éditions du Club France Loisirs, Paris, Dictionnaires Le Robert, 1996.

4. Miesel, Sandra, Dismantling the Da Vinci Code, 1er septembre 2003, *Crisis Magazine*, www.crisismagazine.com

5. Le Louvre a célèbré le 10e anniversaire de sa pyramide du 7au 21 avril 1999. Site officiel du Museé de Louvre. www.louvre.fr

6. « Le flambeau olympique et les cinq anneaux », *The Herald Mail*, 14 juillet 1996, citant les documents officiels du Comité International Olympique.

7. Ibid.

8. Spence, Lewis, «Venus and the pentagram», *The Encyclopedia of the Occult*, London, Bracken Books, 1994.

9.   Bromiley, Geoffrey, W., *The International Standard Bible Encyclopedia*, Grand Rapids, Eerdmans Publishing, 1990.

10. Juges 6.25, II Rois 23.7; I Chroniques 3.21

11. Bromiley, Geoffrey, W., *The International Standard Bible Encyclopedia*, Grand Rapids, Eerdmans Publishing, 1990.

12. Mirce, Eliade, Fulco. William J., *The Encyclopedia of Religion*, Editor in chief, Macmillan, New York, 1987.

13. Pavlac, Brian, *10 erreurs et mythes concernant les chasses aux sorcières*, directeur du «Center for Excellence in Learning and Teaching» et professeur d'histoire émérite, associé au King's College

14. Briggs, Robin, *Witches and neighbours: The Social and Cultural Contest of European Witchcraft*, New-York, Viking Press, 1996.

15. Willis, Deborah, *Malevolent Nurture: Witch Hunting and Maternal Power in Early Modern England*, Ithaca, Cornell University Press, 1995.

16. Ibid.

17. Lutzer, Erwin W., *The Da Vinci Deception*, Wheaton, Tyndale Publishing House, 2004.

18. Jones, Peter, *The Gnostic Empire Strikes Back: An old Heresy for the New Age*, New Jersey, P & R Publishing, 1992.

19. Ibid.

20. Ibid.

21. Geisler, Norman L., *Baker Encyclopedia of Christian Apologetics*, Grand Rapids, Baker Books, 1999.

22. Ibid.

23. Helmbold, A. K., *The International Standard Bible Encyclopedia*, Volume 3, Grand Rapids, Eerdmans Publishing, 1986.

24. Martinez, Florentino Garcia, *The Dead Sea Scrolls Translated*, Grand Rapids, Eerdmans Publishing, 1994.

25. Bruce, F. F., *The New Testament Documents: Are They Reliable ?*, Grand Rapids, Eerdmans Publishing, 1977.

26. Ibid.

27. Bloomberg, Craig, *The Da Vinci Code*, The Denver Seminary Journal, Volume 7, 2004, www.denverseminary.com

28. W. Lutzer, Erwin, *The Da Vinci Deception*, Wheaton, Tyndale Publishing House, 2004.

29. Ibid.

30. Ibid.

31. Fisher, Milton, *The Canon of the New Testament, from The Origin of the Bible*, Phillip Wesley Comfort, editor, Wheaton, Tyndale Publishing House, 1992.

32. Miesel, Sandra, Dismantling the Da Vinci Code, 1er septembre 2003, *Crisis Magazine*, www.crisismagazine.com/specialreport.htm

33. Abanes, Richard, *The Truth Behind the Da Vinci Code*, Eugene, Harvest House Publisher, 2004.

34. Brown, Dan, *Da Vinci Code*, New-York, Doubleday Fiction, 2003.

35. Fisher, Milton, *The Canon of the New Testament, from The Origin of the Bible*, Phillip Wesley Comfort, editor, Wheaton, Tyndale Publishing House, 1992.

36. Miesel, Sandra, Dismantling the Da Vinci Code, 1er septembre 2003, *Crisis Magazine*, www.crisismagazine.com/specialreport.htm

37. Richardson, Robert, The Priory of Sion Hoax, *Gnosis Magazine* no 51, A Guide to the Western Inner Traditions, Spring 1999.

38. Bedu, Jean-Jacques, *Les sources secrètes du Code Da Vinci*, Éditions du Rocher, Mars 2005.

39. Partner, Peter, *The Murdered Magicians. The Templars and their Myths*, Oxford University Press, New York, 1982.

40. Chaumeil, Jean-Luc, « Énigmes, légendes et mythes de Rennes-le-Chateau », traduit par Paul Smith dans *L'Observateur de Rennes*, Juin 1997.

41. Richardson, Robert, A Merovingian Promotion at St Sulpice, *The Rennes Observer*, 16, septembre 1997.

42. Smith, Paul, *Rennes-le-Château Chronology*, Action Publication, 1994.

43. Smith, Paul. www.priory-of-sion.com/id43.html

44. Ibid.

45. Bedu, Jean-Jacques, *Les sources secrètes du Code Da Vinci*, Éditions du Rocher, mars 2005.

46. Ibid.

47. Reardon, Patrick R., *The Da Vinci Code Unscrambled*, New York Times, Arts and Leisure, 2 août 2003.

48. Witherington, Ben, *The Gospel Code*, Dover Grove, InterVarsity Press, 2004.

49. Ibid.

50. Brown, Raymond E., « The Gnostic Gospels », *The New York Times Book Review*, janvier, 1980.

51. Ibid.

52. Reardon, Patrick R., *The Da Vinci Code Unscrambled*, New York Times, Arts and Leisure, 2 août 2003.

53. Ramsay, William, *The Bearing of Recent Discovery on the Trustworthiness of the New Testament*, The James Sprunt Lectures at Union Theological Seminary in Virginia, 1913, reprinted, Grand Rapids, Baker House, 1953.

54. Le Dictionnaire Robert Illustré d'aujourd'hui, Éditions du Club France Loisirs, Paris, Dictionnaires Le Robert, 1996.

Chapitre trois

1. Brown, Dan, *Da Vinci Code*, New-York, Doubleday Fiction, 2003.

2. Ibid.

3. http://xlab.club.fr/femi.html

4. Ibid.

5. Kuen, Alfred, *La femme dans l'Église*, Saint-Légier, Éditions Emmaüs, 2004.

6. Ibid.

7. Ibid.

8. Ibid.

9. E. Léonard, « Catholic Biblical Quarterly », dans Kuen Alfred, *La femme dans l'Église*, Saint-Légier, Éditions Emmaüs, 2004.

10. Kuen, Alfred, *La femme dans l'Église*, Saint-Légier, Éditions Emmaüs, 2004.

11. Dictionnaire Emmaüs dans Bible Online

12. Kuen, Alfred, *La femme dans l'Église*, Saint-Légier, Éditions Emmaüs, 2004. Exemple «Paul avait été aux pieds de Gamaliel », est traduit par « C'est Gamaliel qui fut mon maître » (Actes 22.3).

13. Citation de Gille Lamer, un écrivain québécois
14. Kuen, Alfred, *La femme dans l'Église*, Saint-Légier, Éditions Emmaüs, 2004, p.50.
15. Les pharisiens, dont l'origine hébraïque du nom signifiait les « séparés » étaient des gens pieux qui se mettaient volontairement à l'écart des autres, qui pratiquaient une éthique rigoureuse.
16. Exode 15.20
17. II Rois 22.14 ; II Chroniques 34.22
18. Juges 4.4 et 5.2-31
19. Esther 4.16
20. Actes 9.36
21. Actes 21.8-9
22. Actes 16.13-15
23. Philippiens 4.2-3
24. Romains 16.3-4
25. Romains 1612
26. Romains 16.1-2
27. Romains 16.7
28. Kuen, Alfred, *La femme dans l'Église*, Saint-Légier, Éditions Emmaüs, 2004, p.59.
29. Matthieu 28.1-7
30. Luc 24.11
31. Osborne, G.R, « Women in Jesus Ministry », dans Kuen, Alfred, *La femme dans l'Église*, Saint-Légier, Éditions Emmaüs, 2004.
32. Hauge, A., « Feminist theology as critique and renewal of theology », dans Kuen, Alfred, *La femme dans l'Église*, Saint-Légier, Éditions Emmaüs, 2004
33. Genèse 1.27
34. Maillot, A., « Ève ma mère », dans Kuen, Alfred, *La femme dans l'Église*, Saint-Légier, Éditions Emmaüs, 2004, p.41.
35. Galates 3.28
36. www.salvationarmy.ca (about us - history - people - Catherine Booth)

Chapitre quatre

1. Brown, Dan, *Da Vinci Code*, New-York, Doubleday Fiction, 2003.
2. II Pierre 1.16, Bible Parole Vivante.
3. King, Martin Luther, I have a dream…, Allocution donnée sur les marches du Lincoln Memorial à Washington D.C., 28 août, 1963.
4. McDowell, Josh, *Evidence that Demands a Verdict*, Nashville, Thomas Nelson Publishers, 1979.
5. Ibid.
6. Ibid.
7. Campus Crusade for Christ, www.ccci.org
8. Geisler, Norman, Nix, William, *A General Introduction to the Bible*, Chicago, Moody Press, 1978.
9. Habermas, Gary R., *Ancient Evidence for the Life of Jesus*, Thomas Nelson Publishing, 1988.
10. Schaff, Philip, *History of the Christian Church*, Grand Rapids, Eerdmans Publishing, 1995.

11. Albright, William F., *Archaeology of Palestine*, New-York, Pelican Books, 1960.

12. Ridderbos, Herman, *The Authority of the New Testament Scriptures*, Presbyterian and Reformed Publishing Company, Philadelphia, 1963.

13. Ibid.

14. Ibid.

15. Ibid.

16. Apocalypse 1.8

17. Voltaire, *Lettres philosophiques*, 1734.

18. Guiness Book of Records 2005.

19. Lutzer, Erwin W., *Seven Reasons Why You Can Trust the Bible*, Chicago, Moody Press, 1998.

20. Adler, Mortimer, Gorman, William, *The Great Ideas: Syntopicon of Great Books of Western World*, Encyclopedia Britanica, Chicago, 1952.

21. Burrows, Millar, Université de Yale, cité par le Fawthrop, T.W. dans *The Stones Cry Out*, Marshall and Scott LTD, London, 1934.

22. Geisler, Norman L., *Encyclopedia of Christian Apologetics*, Grand Rapids, Baker Books, 1999.

23. Ibid.

24. Fabright,William, *Archaeology of Palestine*, Pelican Books, Penguin Books, New York.

25. Ibid.

26. Ibid.

27. Ibid.

28. Sheler, Jeffrez L., « Is the Bible True? », US News and World Report. 25 octobre 1999, cité par Bock, Daniel L., dans *Breaking the Da Vinci Code*, Nelson Books, Nashville, Tennessee, 2004.

29. Les Hittites sont mentionnés dans des livres comme la Genèse, l'Exode, Josué, les Juges, les Rois, les Chroniques, jusqu'à Néhémie et Esdras (Genèse 23.2 Exode 3.17 Deutéronome 20.17 I Rois 10.29, etc.)

30. Torrez, R.A., *The Higher Criticism and the New Theology*, Montrose Christian Literature Society, Montrose, 1911.

31. Bahnsen, Greg L., *The Inerrancy of the Autotgrapha*, Editor Norman L. Geisler, Zondervan Publishing House, Grand Rapids, Michigan.

32. Bruce, F.F., *Jesus and Christian Origins Outside the New Testament*, Grand Rapids, Eerdmans Publishing Company, 1974.

33. PhD. Bock, Darrel L., *Breaking the Da Vinci Code*, Thomas Nelson Publishing, Nashville, Tennessee, 2004.

34. Bercot, David, *A Dictionary of Early Christian Beliefs*, Ed. Hendrickson, Peabody, Massachusetts, 1998.

35. Ridderbos, Herman, *The Authority of the New Testament Scriptures*, Presbyterian and Reformed Publishing Company, Philadelphia, 1963.

36. Thiede, Carsten Peter, *The Earliest Gospel Manuscript*, Paternoter Presse, London, U.K, 1992.

37. Stanton, Graham, *Gospel Truth? New Light on Jesus and the Gospels*, Trinity Press International, Valley Forge, Pa., 1995.

38. Bruce, F.F., *The Canon of the Scripture*, InterVarsity Press, Downers Grove, Illinois, 1988.

39. Ibid.

40. Ibid.

41. Ibid.
42. Geisler, Norman L., Nix, William E., *A General Introduction to the Bible*, Chicago, Moody Press, 1978.
43. Perkins, Pheme, « Gnosticism and the Christian Bible », Lee Martin MacDonald and James Sanders, éditeurs, *The Canon Debate*, Peabody, Hendrickson, 2002.
44. Dunn, James DG, dans *The Canon Debate*, Lee Martin MacDonald and James A. Sanders, éditeurs, Peabody, Hendrickson, 2002.
45. Ibid.
46. Aune, David E., *The Gospel of Matthew in Current Study*, Grand Rapids, Eerdmans Publishing, 2001.
47. Ibid.
48. Ibid.
49. Strobel, Lee, *Jésus : la parole est à la défense*, Nîmes, Éditions Vida, 2001.
50. Ibid.
51. Ibid.
52. Ibid.
53. Lahaye, Tim, Jenkins, Jerry B., *Are We Living in the End Times?*, Wheaton, Tyndale House Publishers Inc., 1999.
54. Bruce, F.F., *The Books and the Parchments*, Old Tappan, Revell Publications, 1963.
55. Ibid.
56. Garlow, James L., Jones, Peter, *Cracking Da Vinci's Code*, Colorado Springs, Victor Publications, 2004.
57. Ibid.
58. McDowell, Josh, *Nouvelles preuves pour un nouveau verdict*, Longueuil, Éditions Ministères Multilingues, Nîmes, Éditions Vida, 2006.
59. Ibid.
60. Ibid.
61. Greenlees, Duncan, *The Gospels of the Gnostics*, The Theosophical Publishing House, Madras, India, 1958.
62. Sir Ramsay, William, *The Bearing of Recent Discovery on the Trustworthiness of the New Testament*, The James Sprunt Lectures at Union Theological Seminary in Virginia, 1913, reprinted, Grand Rapids, Baker House 1953.
63. Ibid.
64. Maier, Paul L., *In the Fulness of Time A Historian's Look at the Early Church*, Harper, San Francisco, 1991.
65. Abanes, Richard, *The Truth Behind the Da Vinci Code*, Harvest House Publisher, Eugene, Oregon, 2004.
66. Rhodes. Ron, *Crash Goes the Da Vinci Code*, www.leaderu.com/theology/crashdavincicode.html.
67. McDowell, Josh, *Nouvelles preuves pour un nouveau verdict*, Longueuil, Éditions Ministères Multilingues, Nîmes, Éditions Vida, 2006.
68. Giuliani, Rudy, *Leadership*, New-York, Miramax Books, 2002.
69. Message audio «Pourquoi la Parole» du Révérend Mark Lecompte, 27 février 2005, Longueuil, Québec.
70. Ésaïe 40.8

Chapitre cinq

1. Brown, Dan, *Da Vinci Code*, New-York, Doubleday Fiction, 2003, p. 13, 21, 22, 23.
2. Matthieu 9.37 & 11.28
3. Actes 3.1 – 6, Parole Vivante.
4. Le Dictionnaire Robert Illustré d'aujourd'hui, Éditions du Club France Loisirs, Paris, Dictionnaires Le Robert, 1996.
5. Matthieu 16.18, Amplified Bible.
6. Vine, W. E., Unger, Merrill F., *Vine's Complete Expository Dictionary of Old and New Testament Words: With Topical Index*, Nashville, Nelson Reference, 1996.
7. Luc 1.77-79
8. Hébreux 4.15
9. Michée 5.1-2
10. Luc 2.7
11. Luc 2.12
12. Vine, W. E., Unger, Merrill F., *Vine's Complete Expository Dictionary of Old and New Testament Words: With Topical Index*, Nashville, Nelson Reference., 1996.
13. Ibid.
14. Luc 1.48
15. Luc 2.35
16. Luc 23.34
17. Brown, Dan, *Da Vinci Code*, New-York, Doubleday Fiction, 2003, p. 319.
18. Hébreux 13.8
19. Matthieu 5.20 ; Matthieu 12.2 – 14 ; Matthieu 16.6 ; Matthieu 23.13-15
20. Actes 1.13-14
21. Actes 3.1-6
22. Luc 10.27
23. Luc 17.20
24. Matthieu 16 - 18.
25. Jean 15.19, Matthieu 5.14
26. King, Martin Luther Jr., *Letter from Birmingham Jail*, April, 1963.
27. Wood, A. Skevington, *The Burning Heart, John Wesley: Evangelist*, Eerdmans Publishing, Grand Rapids, Michigan. 1967.
28. Charles Dickens (1812-1870)
29. Wood, A. Skevington, *The Burning Heart, John Wesley: Evangelist*, Eerdmans Publishing, Grand Rapids, Michigan. 1967.
30. Gout, Raoul, *William Booth et le monde ouvrier*, Montréal, Labor et Fides, p. 64.
31. Ibid., p.115.
32. Ibid.
33. www.salvationarmy.ca. Cité par Jim Read, Making a difference, 27/01/2006
34. www.barnardos.org.uk/who_we_are/about_barnardos.htm
35. Actes 2.42
36. Actes 2.44-45
37. Actes 2.47

38. Actes 6.1
39. Yancey, Philip, cité dans *Church: Why Bother*, Grand Rapids, Zondervan, 1998, p. 31.
40. Jacques Ellul (1912-1994), docteur en droit, fut révoqué par le régime de Vichy et participa activement à la Résistance. Depuis 1953, il fut membre du Conseil national de l'Église réformée de France. Philosophe et théologien, il a publié de nombreux livres diffusés dans le monde entier.
41. Ellul, Jacques, *La subversion du christianisme*, Seuil, Paris, 1994.
42. Clinebell, Howard, Parabole de Theodore Wedel citée dans *Basic Types of Pastoral Care and Counseling*, Abingdon Press, 1984.
43. Yancey, Philip, *Touché par la grâce*, Nîmes, Éditions Vida. 2000, p. 300.
44. Ibid.
45. Romains 12.4-5 et 1 Corinthiens 12.25
46. 1 Corinthiens 12.22
47. I Corinthiens 12.26
48. Romains 12.10 ; I Thessaloniciens 4.9 ; I Pierre 1.22 ; II Pierre 1.7.
49. Galates 5.13-15, 26 ; 6.1; Éphésiens 4.2, 32 ; Colossiens 3.13 ; 1 Thessaloniciens 4.18, 5.11 ; Hébreux 10.24, 25 ; 1 Pierre 4.9-10.
50. Jean 13.34 ; 15.12, 17 ; I Jean 3.11, 23 ; 4.7, 11, 12 ; II Jean 1.5.
51. I Corinthiens 4.5 ; Romains 14.13, 15.7 ; Jacques 5.16
52. Minirth, Frank, Fowler, Richard, Newman, Brian, Carder, Dave, *Steps to a New Beginning*, Nashville, Thomas Nelson Publishers, 1993, p. 20.
53. Egan, Gerard, *The Skilled Helper*, Pacific Grove, Brooks/Cole Publishers, 1994.
54. Il faut sauver les églises, Montréal, Journal *La Presse*, Pâques 2004.
55. Matthieu 16.18
56. Yancey, Philip, cité dans *Church: Why bother*, Grand Rapids, Zondervan, 1998, p. 98.
57. Matthieu 7.16-20
58. Jean 13.35

Chapitre six

1. Brown, Dan, *Da Vinci Code*, New York, Doubleday Fiction, 2003.
2. Francis Crick. Gagnant du prix Nobel de sciences, en tant que co-découvreur de la structure moléculaire de l'ADN, Tiré du livre *Life Itself*, New York, Simon & Schuster, 1981.
3. Strobel, Lee, *The Case for a Creator*, Grand Rapids, Zondervan, 2004.
4. Ibid.
5. Ibid.
6. http://www.islam-paradise.com/connaitre_Dieu.php
7. Kuen, Alfred, *Le labyrinthe des origines*, Saint-Légier, Éditions Émmaüs, 2005.
8. Paley, William, *Natural Theology on Evidence and Attributes of Deity*, Rev., Lackington, Allen and Co., and James Sawers, Edinburg, U.K. 1818, p. 12-14.
9. Ward, Ewan, Hancock, Marty, *Le dessein intelligent: un défi biochimique à la théorie darwinienne*.
10. Darwin, C., *L'Origine des espèces*, Robert Laffont, Paris, 1989, p.15, 36

11. Physics Today, Vol. 25, No. 11, 1972, p.23 dans Hugh Ross, *Dieu et le cosmos*, Québec, La Clairière, 1998.
12. *Science et vie*, No 834, mars 1987, p. 40 - 54
13. Denton, M., « Évolution: une théorie en crise », Paris, Londres, 1988 dans Kuen, Alfred, *Le labyrinthe des origines*, Saint-Légier, Éditions Emmaüs, 2005.
14. « The New York Times Magazine », 25 juin 1975 dans Kuen, Alfred, *Le labyrinthe des origines*, Saint-Légier, Éditions Emmaüs, 2005.
15. Kuen, Alfred, *Le labyrinthe des origines*, Saint-Légier, Éditions Emmaüs, 2005.
16. Ibid.
17. Ross, Hugh, *Dieu et le cosmos*, Québec, La Clairière, 1988.
18. Greenstein, George, « The Symbiotic Universe », William Morrow, New York, 1988, dans Ross, Hugh, *Dieu et le cosmos*, Québec, La Clairière, 1988, p. 27.
19. Kuen, Alfred, *Le labyrinthe des origines*, Saint-Légier, Éditions Emmaüs, 2005.
20. Ibid.

Chapitre sept

1. Brown, Dan, *Da Vinci Code*, New York, Doubleday Fiction, 2003, p. 120, 121, 235, 236.
2. Reardon, Patrick T., The Code Da Vinci... Unscrambled, *The Chicago Tribune*, 5 février, 2004.
3. *The Today Show*, NBC, Interview avec Katie Couric, 8 février, 2006.
4. Ibid.
5. Bramly, Serge, *Leonardo: The Artist and the Man*, Penguin Books, New York, 1995.
6. Marani, Pietro C., *Léonard Da Vinci: The Complete Painting*, Harry N. Abrams Inc., New York, 2000.
7. Ibid.
8. De Vinci, Léonard, *Polemics - Speculation and Morals*, Project Gutenberg. www.gutenberg.org
9. Ibid.
10. Richardson, Robert, The Priory of Sion Hoax, *Gnosis Magazine*. A journal of the Western Inner Traditions, No. 51, Spring 1999.
11. De Vinci, Léonard, *The Artist's Materials*, Project Gutenberg. www.gutenberg.org
12. Ibid.
13. Zubov, V.P., *Léonard Da Vinci*, Harvard University Press, Cambridge, 1968.
14. Ibid.
15. Boucher, Bruce, *Does the 'Code Da Vinci' crack Léonard?*, New York Times, 3août, 2003.
16. *The New Yorker Magazine*, novembre, 2005
17. Colossiens 2.2-4
18. Walvoord, John F., Zuck, Roy B., *The Bible Knowledge Commentary*, New Testament Edition. Wheaton, Victor Books, 1984.
19. *The Resurrection Factor*, San Bernadino, Here's Life Publishers, 1981.

20. McDowell, Josh, *Nouvelles preuves pour un nouveau verdict*, Longueuil, Ministères Multilingues, Nîmes, Éditions Vida, 2006.
21. Écclésiaste 3.11
22. Romains 8.19
23. Romains 8.11
24. Matthieu 11.28
25. Vine, W.E., *The Expanded Vines Expository Dictionary of New Testament Words*, Bethany House Publishers, Minneanapolis, Minnesota, 1984.
26. Ibid.
27. Strobel, Lee, *Jésus : la parole est à la défense*, Nîmes, Éditions Vida, 2001.
28. Le Petit Robert de la langue française, Paris, Distribooks, 2000.
29. I Corinthiens 2.9-10
30. Wilkerson, David, *La croix et le poignard*, Nîmes, Vida, 1980.
31. www.teenchallengeusa.com/about_history.html
32. Aronson, Raney, « The Jesus Factor », *Frontline*, PBS, 29 avril, 2004.
33. www.timessquarechurch.org/about
34. Philippiens 3.10
35. www.nickycruz.org
36. Colson, Chuck, *Charles W. Colson*, New Jersey, Chosen Books, Inc., 1976.
37. http://en.wikipedia.org/wiki/Chuck_Colson
38. Colson, Chuck, *Chuck Colson Speaks: Twelve Key Messages from Today's Leading Defender of the Christian Faith*, Promise Press, 2000.
39. www.pfm.org
40. Luc 4.18-19
41. Matthieu 11.28
42. Le Dictionnaire Robert Illustré d'aujourd'hui, Paris, Éditions du Club France Loisir, 1996.
43. « Des nouvelles de Dieu », Montréal, *La Presse*, décembre 2004.
44. Jean 21.25, version The Message
45. Jean 1.12
46. Matthieu 16.13 - 18

Table des matières

Du même auteur, découvrez

SEIGNEUR
augmente notre
FOI

*Une vision
renouvelée
pour une foi
actuelle...*

- ■ Un livre imprégné d'espoir,
- ■ Un antidote efficace
contre le cynisme contemporain,
- ■ un outil personnel de reconstruction
après la tempête

Seigneur augmente notre foi
vous proposera des solutions modernes
pour vos problèmes actuels
et vous fera découvrir une profondeur
que le simple positivisme
ne vous apportera jamais.

À lire parce que votre personne est précieuse!

Visitez
notre site
et partagez
notre
passion !

MEMBRE DU GROUPE SCABRINI

Québec, Canada
2006